Alois Berla, K. Kleiber

Die Brautschau : Originalposse mit Gesang in 4 Akten

Alois Berla, K. Kleiber

Die Brautschau : Originalposse mit Gesang in 4 Akten

ISBN/EAN: 9783744658256

Hergestellt in Europa, USA, Kanada, Australien, Japan

Cover: Foto ©Thomas Meinert / pixelio.de

Weitere Bücher finden Sie auf **www.hansebooks.com**

Als Manuscript gedruckt.

Sowohl Aufführungs-, als Nachdrucks- und Uebersetzungsrecht vorbehalten.

Für sämmtliche Bühnen ausschließliches Eigenthum des Herrn Dr. O. F. Eirich, Hof- und Gerichts-Advocaten, Wien, I. Wipplingerstraße 29, und von diesem allein ist das Aufführungsrecht zu erwerben.

Alois Berla.

Die Brautschau.

Originalposse mit Gesang in 4 Acten

von

Alois Berla.

Musik von K. Kleiber.

Dieses Manuscript darf von dem Empfänger weder verkauft, noch sonst irgendwie weiter begeben werden, und gilt das Aufführungsrecht nach vorher erfolgter Einigung über die Bedingnisse nur für............
.... Director .... und zwar nur für die Zeit, während welcher d...... selbe die Direction d...... Theater...... in .... inne hat, demnach weder für seinen Directions- oder Rechtsnachfolger an diesem Orte, noch für diese ......, selbst wenn d......selbe eine andere Direction übernehmen sollte, für diesen anderen Ort.

Dr. O. F. Eirich.

Ein Buch kostet 1 fl. ö. W. resp. 1 Rm. 50 Pf.
Alle Rechte vorbehalten. — Ent. at Stat. Hall, London.

Wien, 1886.
Buchdruckerei von A. Reißer, Wien, I. Krugerstraße 18.
Verlag von Dr. O. F. Eirich.

Personen.

Hans Wurzinger, Postexpeditor in Fürstenfeld.
Eduard, sein Bruder, Bergakademiker.
Frau Friedl, seine Wirthschafterin.
Mali, deren Nichte, Wurzinger's Mündel.
Anna Petritschek, Tochter des Schullehrers.
Wolfgang,
Meinhard, } Bergakademiker.
Salm,
Hutter,
Fröhlich, Hutfabrikant in der Residenz.
Emmeline, seine Frau.
Leopoldine, } seine Töchter.
Louise,
Wilitz, Geschäftsreisender, Louisen's Gatte.
Füchsel.
Klampfl, Brauereibesitzer.
Bummel, Fechtmeister.
Amanda, } seine Töchter.
Susi,
Rosa,
Minna,
Ida, } Gesangs-Elevinnen.
Sidonie,
Walchen,
Christoph, ein alter Postillon.
Michel, Laufbursch.
Sali, Köchin bei Fröhlich.
Erstes } Dienstmädchen.
Zweites
Ein Junge.
Ein Student.
Ein Wächter.

Erstes Bild: Der Bergakademiker. — Zweites Bild: Brautwerbung mit Hindernissen. — Drittes Bild: Auf dem Fechtboden. — Viertes Bild: Die Susi.

Erster Act.

Im Hintergrund die Postexpedition, hinter derem Schalter Mali und Micherl beschäftigt sind, die Briefe, Postpaquete und Zeitungen den Außenstehenden zu übergeben. Vorne eine einfache Stube mit einer Ausgangsthür nach links und einem offenen Fenster auf derselben Seite rechts, von der Bühne aus, eine Thür, welche nach den Wohnungsräumen führt.

Erste Scene.

Mali, Micherl, Dienstleute, Bauern.

Alle (durcheinander). Briefe für Herrn Hackel — ich krieg's Fremdenblatt — mir eine Hutschachtel für die Frau Bürgermeisterin — restante-Brief aus Znaim — für Fräulein Kitzelbauer — 's Extrablatt — die Neue Freie Preß' — die alte Preß' — zwei Paquete für'n Herrn Verwalter — für'n Herrn Doctor 's Tagblatt!

Mali (die Sendungen immerfort hinausreichend). Nur ein bisserl Geduld! Ich und der Micherl haben ja nicht neunundneunzig Hände — da sind noch ein paar Eipeldauer Gäns'.

Dienstmädchen. Die g'hör'n der Frau von Birnstengl, nur her damit!

Mali (öffnet die Bureauthür, die Gänse laufen heraus, das Dienstmädchen treibt sie zur Thür links hinaus, ihr folgen die Uebrigen, nur ein Junge bleibt zurück).

Junge (ruft). Na, krieg' ich die heutige Wiener Zeitung? Tummeln S' Ihnen, ich hab' keine Zeit, der Herr Bürgermeister wart' schon!

Mali. Ist keine da! Wenigstens find' ich sie nicht.

Junge. Brav! Da wird der Herr Bürgermeister weiter nit raisonniren. Servus! (Läuft ab.)

Mali (ruft). He, Micherl, hast Du die Zeitung g'seh'n?
Mich. Na!
Mali. Vielleicht ist sie im Postwagerl liegen 'blieb'n? Komm', Micherl! (Sie und Micherl verschwinden.)

Zweite Scene.

Wurzinger von rechts, ältlicher Mann im abgenützten Hausrock, Commodemütze ꝛc. hat ein Exemplar der Wiener Zeitung.

Entrée-Lied.

1.

Was gibt's denn Neues, was ist g'scheh'n?
Was geht denn vor in Nah' und Fern?
So fragt ein Jeder täglich, denn
Ein Jeder will was Neues hör'n!
Und weil's auch mich thut int'ressir'n,
So leg' ich beim Expedir'n
Die Tagesblätter nebenbei,
Les' sie dann nach der Reih'!
Ha, wie piquant und amüsant,
Seltsam frappant, das Durcheinand',
Alles bericht', kritisch bespricht,
Von Fall zu Fall — wer? — Das Journal!

2.

Man braucht sich nicht zu strapezir'n,
Zu reisen nicht von da und dort —
Die Zeitung läßt sich avertir'n,
Bringt die Geschehnisse sofort!
Die Weltg'schicht' brodelt, sied't und raucht,
Der Leser blos sein Pfeiferl schmaucht,
Greift nach dem Blatte und im Nu,
Weiß er, wie's jetzt geht zu!
Ha, wie piquant und amüsant,
Seltsam frappant, das Durcheinand',
Alles bericht', kritisch bespricht,
Von Fall zu Fall — wer? — Das Journal!

Prosa.

Ich frag', was geschähe, wenn plötzlich sämmtliche Zeitungen des Erdballs aufhörten zu erscheinen? Krack

— thät's machen in der Weltuhr, alle Federn wären ab, es gäb' einen Stoß wie bei einem Erdbeben! Sämmtlichen Vertretern Europas verschlaget's die Red', mehrere Minister hätten mit einem Male ihr Organ verloren, es gäbe keine öffentlichen Sammelbüchsen für Wohlthätigkeitszwecke mehr. Sehr viele Ehen müßten nun wirklich im Himmel g'schlossen werden, denn der Tempel der „kleinen Annoncen" läge in Trümmern, die Göttin Fama hat 's silberne Mundstück ihrer Ruhmesposaune, die Malzextracte curirten nicht einmal mehr die geringsten Strauchen und sogar die sämmtlichen Marktweiber schreieten in der größten Desperation: „Himmelseiten, wann Unsereins nit amal wissen soll, wie's in der Stadt zugeht, nachher kann uns die Welt Buckelkraxen trag'n!" Doch, so weit wird's, Gott sei Dank, nicht kommen! Noch haben wir unsere Zeitungen, noch können wir uns gemüthlich irgendwo hinsetzen und gemüthlich der Zeit den Puls fühlen! (Hat sich gesetzt und fängt zu blättern an.) Was gibt's denn Neues in Egypten? Ah, da — ein Artikel.

Dritte Scene.
Wurzinger. Junge.

Junge. Herr Expeditor, Herr Expeditor!

Wurz. (fährt auf). Was soll's? Was ist denn los?

Junge. Der Herr Bürgermeister ist fuchtig, weil er die heutige Wiener Zeitung noch nicht kriegt hat.

Wurz. Was? Nit kriegt hat er's? (Rufend gegen rückwärts.) He, Mali, Micherl! Wo stecken denn meine Mündel und der Laufbursch? (Man hört das Klappern des Telegraphendrahts.) Wer is denn beim Apparat? (Stürzt in die Expedition und bringt Micherl beim Ohr heraus.) Verflixter Kerl! An wem telegraphirtest Du?

Mich. (weinerlich). An meine Frau Mahm nach Raixendorf, heut' is der Tag, wo s' abstickt, und da hab' ich die Mahm ersucht, sie möcht' mir ein paar Blunzen schicken!

Wurz. O, Du Grausrab'! Glaubst denn Du, die herrlichste Erfindung unseres Jahrhunderts hätte keinen wichtigeren Zweck, als daß Du Blunzen essen kannst! (Beutelt ihn.)

Mich. (lamentirt). Auweh, auweh!

Junge. No, no, no! Aber, Herr Expeditor!

Wurz. (fährt ihn an). Dummer Bub, was misch'st denn Du Dich in die Procedur?

Junge (altklug). Weil das Schopfbeuteln nix nutzt! Sie giften Ihnen und dem Micherl thut's erst nit wohl!

Wurz. (ironisch). Da merkt man die Humanität uns'rer Zeit. Wir Männer sind gegen die Abschaffung der Todesstrafe und die Buben für die Abschaffung der Schopfbeutler, weil's net wohl thut!

Junge. Geben S' mir lieber 'n Herrn Bürgermeister sein' Zeitung!

Wurz. Ja, richtig! Also, Micherl, wo ist dem Herrn Bürgermeister seine heutige Wiener Zeitung?

Mich. Sie is net kommen, hab' eh schon nachg'schaut!

Wurz. Sie muß 'kommen sein! Hab s' ja selber in der Hand gehabt, hab s' sogar —

Mich. (weist auf Wurzinger's Hand). Wie mir scheint, noch immer in der Hand!

Wurz. (perplex). Das ist — meiner Seel' — 's ist die Wiener Zeitung, dem Herrn Bürgermeister sein Exemplar! (Sich fassend.) Da! (Gibt dem Jungen das Blatt.) Laß' mich dem Herrn Bürgermeister schönstens empfehlen und g'rad hab' ich's expediren wollen!

Junge (spöttisch). Der Herr Expeditor hat's vielleicht noch nicht ausg'lesen — ich kann ja sagen, der Herr Bürgermeister soll warten!

Wurz. Wirst schauen, daß D' verschwindest, kecker Bursch'! (Junge läuft lachend ab.) Was sich diese früheste Jugend heutzutag' Alles erlaubt! Du, Micherl, sind sämmtliche Briefe expedirt?

Mich. Alle — bis auf Einen, der liegt noch da!

Wurz. Warum liegt er noch da? Hat er keine Adresse?

Mich. Ja, g'rad' darum is er nicht abgeholt wor'n!

Wurz. Also, muß er aus'tragen werd'n!

Mich. (bestimmt). Muß er nicht —

Wurz. Warum nicht?

Mich. Weil er an den Herrn Expeditor adressirt ist!

Wurz. An mich? Von wem?

Mich. Weiß net!

Wurz. Na ja, freilich! Her mit dem Brief! (Micherl läuft in die Expedition.) Wer kann denn mir g'schrieben haben?

Mich. (zurückkommend). Da ist der Brief!

Wurz. (besieht die Adresse). Die Handschrift meines Bruders! (Oeffnet, liest freudig.) Ah, ah! Das ist ja herrlich! He, Micherl! Die Frau Friedl, sie soll kommen, und die Mali soll auch kommen! Nein, die Ueberraschung! (Micherl rechts ab. Wurzinger liest den Brief.) „Theurer Bruder! Freue Dich mit mir! Meine Studien an der Bergakademie sind glücklich vollendet und wurde ich soeben beim Bergamt in Joachimsthal zum Obersteiger ernannt. Morgen, den dreiundzwanzigsten dieses, treffe ich auf meiner Durchreise in Begleitung einiger Studiengenossen bei Dir ein, um Dich, treuer Bruder und Wohlthäter, zu umarmen. Küssend und grüßend, Dein dankbarer Bruder Eduard." (Ruft fröhlich den Eintretenden entgegen.) Kinder, wißt's was Neues? Mein Bruder Eduard kommt!

Vierte Scene.

Vorige, Frau Friedl, Mali, Micherl von rechts.

Fr. Friedl. Der Herr Bruder kommt?

Mali (freudig). Himmel, wär's möglich?

Wurz. Noch am heutigen Tag! (Mit Feierlichkeit.) Friedl, seit fünfzehn Jahren führen Sie mir in Ehren und Züchten die Wirthschaft meines Hauses!

Fr. Friedl (einfallend). Ich schmeichle mir auch, daß der Herr Postexpeditor meinen Eintritt in die Wirthschaft noch keinen Augenblick bedauert hat. Hab' ich Recht oder nicht?

Wurz. Ja, ich erkläre laut und vernehmlich, daß Sie Recht haben, denn — wenn's auch vorkommt, daß Sie Unrecht haben, so behaupten S' erst recht, daß Sie Recht haben! Doch davon ist jetzt keine Red'! Ich wollt' nur bemerken, daß Sie mir seit fünfzehn Jahren die Wirthschaft —

Fr. Friedl (einfallend). Auf's Jahr sind's nachher schon sechzehn —

Wurz. (irritirt). Ganz richtig! Und in zehn Jahr'n sind's sogar fünfundzwanzig, doch davon ist jetzt keine Rede;

ich will nur betonen, daß Sie mir die Wirthschaft seit Jahren führen —

Fr. Friedl (einfallend). Und daß das ein Glück für einen alten Junggesellen ist, der sich ja sonst gar nicht zu helfen gewußt hätt'; aber ich hab's gern' gethan! Seit dem Tod' Ihrer Frau Mutter, Gott laß' sie selig im Grab' ruhen, hab' ich Sie betreut wie mein' Augapfel; hab' Mutterstelle bei Ihrem Herrn Bruder vertreten, der damals erst neun Jahre alt war; kurz, ich hab' immer meine Pflicht und Schuldigkeit ausgeübt und ich hoff' auch zu Gott, Sie geben mir jederzeit das Zeugniß, daß ich Alles geleistet hab', was man von einer braven und umsichtigen Wirthschafterin erwarten kann; ja, ich hab' sogar mehr gethan, ist's wahr oder nicht? Na, so reden S' doch, Herr Postexpeditor! Warum reden S' denn nix?

Wurz. (resignirt). Ich sag' nix mehr, als: Gott, Deine Werke sind groß, aber der Frau Friedl ihr Maulwerk ist noch größer! Ehe Sie jedoch eine frische Walzen einlegen, gebe ich Ihnen in aller Kürze bekannt, daß mein Bruder heut' noch auf der Durchreise nach Joachimsthal, wo er als Obersteiger angestellt wurde —

Fr. Friedl (freudig). In unser' Heimath? Hast es g'hört, Mali? — In unser' Heimat! In Deutschböhmen ist der junge Herr angestellt? — Ich bin auch eine Deutschböhmin! — Das ist schön, das freut mich!

Wurz. Mich freut's am allermeisten, obschon ich kein Deutschböhm' bin, indessen, das ist jetzt Nebensache und ich bemerke Ihnen hauptsächlich, daß mein Bruder in Begleitung mehrer Studiencollegen ankommt, die wir Alle gastlich aufnehmen und bewirthen müssen! Also, schau'n S' dazu, Frau Friedl, uns're Gäste dürften bald da sein! Ich für meinen Theil geh' jetzt g'schwind Toilette machen, in dem Anzug kann ich mich nicht blicken lassen und (fühlt sich an's Kinn) — mir scheint, mir scheint — Mali, komm' her! (Mali tritt zu ihm, er küßt sie.)

Fr. Friedl. Was treiben S' denn?

Wurz. Gelt, Mali, der Bart kratzt? Werd' mich also auch g'schwind balbiren!

Fr. Friedl. Und darum müssen S' g'rad die Mali küssen?

Wurz. Na, Ihnen kann ich doch kein Busserl geben — jetzt, wo S' ohnedem so v i e l z'thun haben! (Geht rechts ab.)

Fr. Friedl (ihm nachblickend). Da sieht man den alten Junggesellen! Gleicht er nicht einem alten Aschenhaufen, unter dem es heimlich glost und glimmt und glüht? Jetzt heißt's aber dazuschauen, die nöthigen Herrichtungen zum Empfang der Gäste treffen, und — Toilette machen muß ich ebenfalls. Komm', Mali! (Eilt rechts ab.)

Mali (nachrufend). Ich folg' Ihnen gleich nach, Frau Mutter.

Fünfte Scene.

Mali allein, dann Eduard.

Mali. Er kommt! Ich werde ihn wiederseh'n nach so langer Zeit! Ach, mir klopft das Herz, daß mir Angst und bang' wird! Drei Jahr' ist's schon, seit er zum letztenmal hier war — ob er mich wohl noch erkennt — er hat mich vielleicht gar nicht mehr im Gedächtniß! — Das wär' aber wirklich kränkend, denn mir ist kein einziger Tag vergangen, wo ich nicht an ihn gedacht hätt'. (Es wird an der Seite links geklopft.)

Sechste Scene.

Vorige. Eduard.

Eduard (in Bergmannstracht tritt ein und ruft). Mali (Breitet die Arme aus.)

Mali (freudig rufend). Eduard! (Will ihm entgegeneilen, hält plötzlich inne, sich corrigirend.) Herr Eduard, guten Tag!

Eduard (staunend). Was ist denn das für ein ceremonieller Empfang? Mali, kennst Du Deinen Gespielen nicht mehr? Den Freund Deiner ersten Jugend!

Mali. O, Herr Eduard, wie können Sie glauben, daß ich Sie vergessen habe?

Eduard. Muß ich es nicht glauben? Wir waren doch sonst immer ein Herz und e i n e Seele! So oft ich in den Ferien heimgekommen, bist Du mir freudig entgegengeeilt, hast mich geherzt und geküßt, und unzertrennlich waren wir, so lange die Ferien dauerten! Auch vor drei Jahren noch, wo Du kein Kind mehr, wohl aber ein hübsches, kleines, vierzehnjähriges Mädel warst, hast Du mir beim Abschied versprochen, meiner immer in treuer Schwesterliebe zu gedenken — und jetzt diesen eisigen Empfang? Geh', ich will gar nichts mehr von Dir wissen!

Mali (hingerissen). Eduard, sprich nicht so! Ich denke und fühle ja noch g'rad' so wie früher!

Eduard. Das glaub' ich nicht! —

Mali. Du sollst, Du mußt es glauben!

Eduard. Nicht eher, als — bis —

Mali. Bis?

Eduard. Bis Du mir einen herzlichen Kuß zum Willkomm' bietest —

Mali (stockend). Aber — wir sind ja doch keine Kinder mehr!

Eduard. Na, seit dem letzten Küssen bist Du ja doch nur um drei Jahre älter geworden, ich war einundzwanzig.

Mali. Ich aber erst vierzehn.

Eduard. Ah, und nun, wo Du siebzehn Jahre zählst, denkst Du wohl, es sei unmöglich, den Jugendfreund weiter lieb zu haben? Auch gut, Fräulein Amalie! (Tritt zu ihr und verneigt sich ceremoniell.)

Mali (knixt und macht ebenso). Herr Eduard!

Eduard (faßt ihre Hand — sie schlägt die Augen nieder — er faßt sie am Kinn und hebt ihr den Kopf in die Höhe, daß sie ihn anblicken muß; zärtlich). Mali!

Mali (seufzt). Ach! (Schlingt plötzlich den Arm um ihn, er desgleichen, Beide küssen sich.)

Siebente Scene.
Vorige. Wurzinger.

Wurz. (umgekleidet, tritt ein und ruft): Ah, das ist nicht übel, wünsch' gute Verrichtung!

Mali (sich losreißend) Himmel, der Herr Vormund!

Eduard (erfreut). Mein Bruder, grüß' Dich Gott! (Will ihn umarmen.)

Wurz. (wehrt ab). Einen Augenblick! (Verweisenden Tons). Laß' Dein Leckermaul erst auskühlen! Mali, geh' hinaus.

Mali (beklommen). Ja, Herr Vormund! (Geht ab, dabei nach Eduard blickend, welcher ihr einen Kuß zuwirft.)

Achte Scene.
Wurzinger. Eduard.

Wurz. (ihm die Hand vom Mund wegnehmend). Was ist denn das für eine Aufführung? Herr Bruder! Bist denn Du hergekommen, um die jungen Mädeln abzubußeln?

Eduard. Aber es ist ja nur die Mali, meine Jugend=
gespielin, meine Schwester!

Wurz. Da schwestert sich jetzt nichts mehr! Ihr seid
Beide schon zu alt zu Bruder und Schwester spielen! Bitt'
mir's aus; die Mali ist für Dich gegenwärtig nichts weiter,
als meine Mündel! (Plötzlich in gerührt zärtlichen Ton übergehend.)
Und jetzt, mein liebes Herzensbrüderl, laß' Dich umarmen.
(Umarmt und küßt ihn.) Der Himmel segne Deinen Eintritt in
das Haus Deines Bruders!

Eduard (warm). Meines zweiten Vaters, — meines Wohl=
thäters!

Wurz. Na geh', laß' das! Es versteht sich doch von
selbst, daß der in Jahren vorangeeilte Bruder dem jüngeren,
zurückgebliebenen, ein Vater sein mußte! Ich hab' da nichts
mehr, als meine Schuldigkeit gethan und so kann von Wohl=
thaten keine Rede sein!

Eduard (umarmt ihn wieder). O, Du guter Bruder!

Wurz. (ergriffen). Kannst Dich noch erinnern, Eduard, an
den Tag, wo uns're selige Mutter das Zeitliche gesegnet
hat? Du, der neunjährige Bursch, bist am Sterbelager kniet,
ich bin daneben g'standen und Beide haben wir geweint wie
die Schloßhund'! Da hat die Mutter g'sagt: Hansi, Hansi,
nimm Dich um Dein' armen Bruder an, sorg' für ihn und
schau, daß er ein braver, tüchtiger Mensch wird. Ich hab'
„Ja" g'sagt — drauf — is g'storben! (faßt sich.) Jahre sind
vergangen, ich hab' Dich betreut, wie's mit der Mutter ausg'macht
war, Du bist auf'gwachsen, groß und stark, aber auch brav
und tüchtig geworden; heut' hast Du Deine Studien vollendet
und — (Blickt nach Eduard, der Anfangs von Trauer ergriffen
war, sich abgewendet und in die Nähe des Fensters kam, wo er plötzlich
sehr angelegentlich hinausblickt, sehr freundlich grüßend).

Eduard. Grüß Gott!

Wurz. (erstaunt). Wen grüßt Du denn da draußen?

Eduard (immer noch hinausblickend). Sie ist's, ja, ja, ganz
sicher, sie ist's!

Wurz Wer ist sie?

Eduard. Die Fanny Winterlitz, die Verwalterstochter.

Wurz. (geht zum Fenster, blickt hinaus, grüßt auch, aber mit
frostigem Lächeln, sagt dann, auf den früheren Platz zurückkehrend). Ja, 's
ist die Verwalterstochter! Daß Du sie aber bemerkt und
gleich erkannt hast?

Eduard. A so ein hübsches nettes Mädel merkt man sich ja sehr leicht!

Wurz. (mit Ironie beistimmend). Na ja, freilich, sehr leicht merkt man sich das Mädel! (Den Ton ändernd.) Von was wir aber früher g'redt haben: Du hast Deine Studien vollendet, bist ein tüchtiger Bergmann geworden; zur Belohnung dafür hat man Dich zum Obersteiger ernannt! Obersteiger, das ist schon eine sehr schöne Charge — für'n Anfang wenigstens — gelt, Eduard! (Blickt wieder nach Eduard, der wie oben zum Fenster hinausgrüßt.)

Eduard. Guten Morgen!

Wurz. Du grüßt ja schon wieder? Wen siehst denn?

Eduard. Die Fanny Biedermann! Die Nichte vom Apotheker geht mit der Petrischef-Anna, der Schullehrerstochter, vorbei, und da kommt g'rad die rothhaarige Susi, die Tochter vom Treiaffenwirth — (Grüßt angelegentlich.) Diener, Du kleiner, netter Käfer, Diener!

Wurz. (geht wieder zum Fenster, grüßt mit frostiger Höflichkeit, kehrt dann auf seinen früheren Platz zurück und sagt äußerst bestürzt zu sich). Was der junge Mensch für ein lebhaftes Interesse an dem Weibsvolk hat, das ist ja schauderhaft! Zuerst küßt er meine Mündel, nachher kennt er alle Madeln, die er seit drei Jahr' nicht g'sehen hat, weiß ihre Namen sogar auswendig — no, no, no! (Eilt zu Eduard, der sich zum Fenster hinausbeugen wollte.) No, no no! Halt, halt, halt! He!

Eduard. Habe die Ehre! — (Wendet sich erstaunt.) Was hast denn, Bruder?

Wurz. Was ich hab'? Eine große Angst, daß Du zum Fenster hinausstürzest!

Eduard. Ich hab' nur der verwitweten Frau Hauptmännin Streithengst meine Reverenz machen wollen!

Wurz. Was geht Dich denn die Streithengst an?

Eduard. Na, eigentlich nichts, aber sie ist eine sehr elegante, stattliche Dame — sie hat sich nach mir umg'seh'n — ich erkannte sie gleich — nun ja, so ein reizendes Geschöpf vergißt sich nicht so leicht!

Wurz. (irritirt). Ob sich das G'schöpf vergißt oder nicht, das ist mir Leberwurst, daß Du aber alle die Weibsleut' nicht vergessen hast, das finde ich, offen gesagt, sehr sonderbar bei einem Bergmann!

Eduard. Sonderbar bei einem Bergmann?

Wurz. (entschieden). Ja, weil ein Bergmann am ehesten wissen soll, daß nicht Alles Gold ist, was glänzt! — Wenn die Madeln auch noch so sauber sind — und was die Hauptmannswitwe betrifft, die sich nur umg'seh'n hat, so ist der Hauptmann ja ohnehin zur Grube schon gefahren, was braucht sich da die Frau Hauptmännin auch noch einen Bergmann anzusehen?

Eduard (lachend). Hans Bruder, — daß Du so sprichst, begreif' ich, denn einem alten Junggesellen ist das weibliche Geschlecht gleichgiltig, mir aber nicht! Im Gegentheil, g'rad' mein Beruf zeigt mir die Weiber im schönsten Licht!

Wurz. Dein Beruf? Ja, thun denn in neuester Zeit Frauenzimmer auch unten in den Bergwerken arbeiten! Ist es nicht genug, daß man sie bereits bei der Post und im Telegraphenamt ang'stellt hat?

Eduard. Du irrst, Bruder, beim Bergbau arbeiten die Frauen nicht mit — während aber der arme Bergmann, das Gestein durchwühlend, seinem gefahrvollen Berufe obliegt, bestellt ein trautes Weib sein bescheidenes Heim, schafft und sorgt für seine Kinder, und wenn er Abends nach vollbrachter Arbeit den finstern Schacht verläßt, ist wohl auch die Sonne längst verschwunden, ihm aber leuchten heller und freundlicher als das Sonnenlicht die treuen Augen seines geliebten Weibes und sein Herz schwillt vor Lust, wenn ihm die Traute fröhlich entgegenruft: Glück auf! Da bist Du ja — Du, mein herziges Mannerl! „Glück auf!"

Wurz. (sieht ihn betroffen an). Glück auf! ruft's ihm entgegen, das Weib? Na, und — wenn aber der Bergmann kein Weib hat, wer leucht' ihm denn heim — mit die treuen Augen mein' ich nämlich?

Eduard (achselzuckend). Wer? Niemand — der Alleinstehende geht still nach Haus, vielleicht auch in's Wirthshaus, da sitzt er, spricht selten ein Wort —

Wurz. Selten spricht er? Aha, der Alleinstehende trinkt meistens —

Eduard. O, auch nicht! Bergleute sind durchschnittlich nüchterne, ernste, in sich gekehrte Menschen, für die gibt es wohl viel Arbeit, aber wenig Zerstreuung!

Wurz. (blickt verstohlen nach ihm). Hm, hm! Mir wär' im Schlaf nicht eing'fallen, daß es in einem Bergwerk zuging wie in einem Kloster, wo man nicht **trinkt**, und weshalb auch mein Bruder den Bergmann als eine Art Adam hinstellt, der nothwendig eine Eva braucht! (Geht sinnend hin und her.)

Eduard (grüßt wieder zum Fenster hinaus). Ah, guten Tag!

Wurz. (bemerkt es). Wen grüßt Du denn schon wieder? (Eilt zum Fenster.)

Eduard. Die Frau Meyer!

Wurz. (fährt vom Fenster zurück). O, die geprüfte Frau des Orts! Jetzt erinnert er sich sogar an die heitere Kinderfreundin! Hm, hm, hm, hm! (Schüttelt den Kopf und geht wieder sinnend hin und her.)

Eduard. Woran denkst Du denn plötzlich so angelegentlich?

Wurz. (ausweichend). An Nichts! Was ich fragen wollte! Du hast mir ja geschrieben, daß Du in Begleitung mehrerer Studiencollegen ankommst — wo sind diese Collegen?

Eduard. Einer von ihnen hat Verwandte in der Nähe, zu diesen haben sie einen Abstecher gemacht, während mich die Sehnsucht zu Dir trieb — sie werden indessen bald nachkommen!

Wurz. Ah so — ja, ja!

Eduard. Aber ich verspüre etwas Appetit — Du erlaubst wohl, Bruder, daß ich die Frau Friedl aufsuche und sie um eine kleine Erfrischung bitte?

Wurz. Na, versteht sich — geh' nur dort hinein, in der Küche wirst Du sie schon finden, Du kennst ja den Hausbrauch.

Eduard. Und ob ich ihn kenne! Na, auf Wiedersehen, Du mein lieber, herziger Herzensbruder. (Umarmt und küßt ihn, dann rechts ab.)

Neunte Scene.

Wurz. (allein). Mein Bruder hat eine eigenthümliche Passion zum Küssen und Umarmen; es zieht ihn förmlich hin zu seinen Mitmenschen, besonders was die Frauenzimmer betrifft. Es ist halt ein weicher, gefühlvoller Charakter, während ich mehr rauh und abstoßend bin, besonders was die Frauenzimmer betrifft! Das heißt, mitunter fühl' ich auch weichere Regungen beim Anblick eines (sieht sich vorsichtig um), netten, packschirlichen Wesens, aber als alter Junggeselle mit einer Wirthschafterin behaftet, da ist's nichts Rechts mehr — haha! Die G'schicht' geht mir ganz verteufelt im Kopf herum — wie er meint, bestände das ganze

Glück eines Bergmannes im Besitze einer Familie! Da wär's auch für meinen Bruder am Besten, wann er sobald als möglich verheiratet würde, und ich, der ich bisher Alles für ihn gethan hab' — ich müßt' ihm also auch eine Frau verschaffen — natürlich müßte das eine hübsche, wohlerzogene, gebildete Person sein, versteht sich, eine mit Geld, mit viel Geld sogar, denn vom Gehalt allein können zwei Leut' nicht standesgemäß leben, besonders wann — (steht am Fenster und sagt hinausblickend), schon wieder die Frau Meyer, Servus, Servus! (Entfernt sich vom Fenster.) Ja, ja — Geld ist die Hauptsach' aller Hauptsachen — bei uns im Ort gibt's keine passende Partie — in Wien aber kenn' ich einen Mann, einen Fabrikanten, der öfter in Geschäften zu uns herauskommt, er hat Vermögen, zwei, drei Töchter soll er auch haben, wenn ich also — (man hört plötzlich von Außen einen frischen Männerchor; er eilt zum Fenster). Ah, die Collegen meines Bruders, sie kommen, sie kommen — (ruft). He, Frau Friedl, Mali — Micherl — Eduard, Anna, sie kommen, sie kommen! (Rechts ab.)

Zehnte Scene.

Eine Anzahl junger Bergakademiker in der Knappentracht marschiren unter dem Vortritt **Wolfgangs** von links singend auf die Scene. Leute vom Ort und Kinder drängen nach.

Chor der Akademiker.

Es kommt in Saus geschritten
Der Bergmann in das Land,
Gar wohl ist er gelitten
Und männiglich bekannt!
Des Berges Gnomengeister,
Sie grüßen ihn als Meister,
Glück auf! Glück auf!
Juvaladera,
Freund Bergmann, wir sind da!

Und all' die hübschen Mädchen,
Sie schau'n nach ihm mit Lust,
Zieht hin er durch die Städtchen,
Zum Bergschacht kraftbewußt

Sie alle gerne liefen
Ihm nach sogleich und riefen:
Glück auf! Glück auf!
Juvaladera,
Freund Bergmann, wir sind da!

(Während des Gesanges sind Eduard, Fr. Friedl, Mali, Micherl von rechts aufgetreten; Eduard bewillkommt die Collegen.)

Wolfg. Servus, Freund, Servus! So wären wir nun glücklich in Deinem Bau angelangt, jetzt aber vor Allem stelle uns Deiner hochwerthen Sippschaft vor!

Alle. Jawohl!

Eduard. Mit Vergnügen! (Zu Mali und Fr. Friedl.) Die Herren sind meine Studiencollegen! (Zu den Andern.) Das hübsche Mädel hier (auf Mali), ist meine Jugendgespielin, Mündel meines Bruders Hans und Nichte unserer Frau Wirthschafterin.

Alle. Ah! Sehr erfreut!

Eduard. Hier Fräulein Petritschek, die Tochter unseres ehrenwerthen Schulmeisters, ihre Freundin — da der Micherl, unsere pneumatische Post von Fürstendorf, der blast uns alleweil was vor, und hier endlich habe ich das Vergnügen, unsere Frau Wirthschafterin Euch vorzustellen.

Alle (wie oben).

Fr. Friedl (macht Complimente). O, zu gütig, viel zu gütig, meine Herren!

Wolfg. Das also ist die würdige Frau Friedl, die, wie Du uns erzählt hast, Dich wie einen leiblichen Sohn betreute?

Eduard. Ja, sie ist es, der ich nie genug danken kann und dafür auch liebe wie eine Mutter! (Umarmt und küßt sie.)

Eilfte Scene.

Vorige. Wurzinger von rechts.

Wurz. Jetzt küßt er wieder die Wirthschafterin!

Akademiker (rufen). Prosit! Prosit!

Eduard (zu Wurzinger gehend). Hier aber, werthe Collegen, hab' ich die Ehre, Euch meinen geliebten Bruder Hans vorzustellen, der mir von Kindheit bis zum heutigen Tage ein treuer, liebender Vater war!

Akademiker (singen enthusiastisch).
Hoch soll er leben,
Hoch soll er leben,
Dreimal hoch! (rep.)

Wurz. (von Rührung übermannt, verbeugt sich fortwährend und wischt sich mit dem Taschentuch die Augen, dann die Nase ab).

Wolfg. Servus, altes Haus! Servus! Meine Hochachtung. (Reicht ihm die Hand, die Andern folgen seinem Beispiel.)

Wurz. (vor Rührung stotternd). Meine Herren! Die Ehre! Nehmen Sie die Versicherung, Alles, was ich besitze, mein ganzes Hab und Gut und Um und Auf, mit Freuden geb' ich's hin für meinen Brudern, für sein Glück, sein Wohlergeh'n, seine Zukunft!

Alle. Wacker! Wacker!

Wurz. (auf Micherl weisend, der mit Weingläsern auftritt). Jetzt aber, meine Herren, gestatten Sie mir, Ihnen zur Feier des geehrten Eintritts in mein Haus einen Willkommenstrunk anzubieten! Bitte, bedienen Sie sich, Frau Friedl, Mali, schenkt's unsern werthen Gästen ein!

Fr. Friedl (servirt mit Mali). Bin schon dabei! Darf ich bitten?

Wurz. Micherl, bring' Sessel, die Herren sollen sich's ja doch in meinem Haus commod machen!

Mich. Da sein s' schon! (Bringt eine Anzahl Sessel, auf denen sich's die Akademiker in ungenirter Weise bequem machen.)

Wolfg. Auf, Commilitonen, der erste Trunk gelte unserm braven Wirthe.

Alle (die Gläser hebend). Hoch!

Wolfg. (zu Wurzinger). Anstoßen, altes Haus!

Wurz. Mit Verlaub! (Stößt an, will trinken, muß aber wieder anstoßen, und so fort, bis er endlich das Glas schnell leert.)

Wolfg. Und jetzt das Wohl der Hausfrau-Stellvertreterin und Ihrer liebenswürdigen Nichte ausgebracht!

Alle (stoßen an). Hoch!

Fr. Friedl (anstoßend). Meine geehrten Herren, das ist zu viel, viel zu viel Ehre! (Weint.)

Wurz. Was wanen S' denn? 's thut Ihnen ja Niemand was?

Wolfg. Noch viel zu wenig, werthe Frau Friedl! Heil dem Lande, in welchem so wackere Frauen gedeihen! Was sind Sie denn eigentlich, werthe Frau Friedl, für ein Landsmann?

Fr. Friedl. Eine Deutschböhmin, zu dienen, und meine Nichte ist ebenfalls eine!

Alle. Ah!

Wurz. Ja, Sie sind gerade aus der Gegend, wo der Eduard jetzt hinkommt!

Eduard (zu Mali). Aus Joachimsthal seid Ihr? Nun, meine liebe Mali, das freut mich wirklich ganz außerordentlich!

Mali. Und mich nicht minder, mein lieber Eduard!

Wurz. (für sich). Liebe Mali, lieber Eduard! Na wart' nur, diese Vertraulichkeit wird bald ein End' nehmen, wenn ich eine Braut g'funden hab', und das wird nicht lange dauern, denn wie er fort ist, geh' ich auf die Brautschau!

Eduard. Bruder, was murmelst Du denn da vor Dich hin?

Wurz. O nichts, gar nichts! (Bei Seite.) Weder er, noch sonst Jemand soll mein Vorhaben erfahren.

Wolfg. (der mit Frau Friedl conversirt hat). Am Fuße des Erzgebirges, sagen Sie? Diese Gegend ist es also, welche nicht nur durch ihre Heilquellen berühmt, sondern auch durch den Gewerbefleiß ihrer Bewohner und die Mannigfaltigkeit ihrer Industrien ausgezeichnet ist.

Fr. Friedl. Na, ich will's meinen! Uns're Landsleute sind überaus fleißige Menschen. Ich könnt' Ihnen da viel erzählen davon.

Wurz. Ich kann auch mitreden, denn ich war in frühern Jahren öfter in der Gegend, ich und die Mali singen an manchen Abenden die Liedeln, die auf dortige Verhältnisse Bezug haben. Die Frau Friedl hat uns Alle dressirt, net wahr, Frl. Anna?

Eduard. Ei, dann singt die Anna jetzt auch mit?

Wurz. Ah freilich!

Alle. Ja, ja, singen!

Wurz. Nun, weil wir so nett beieinander sein und wenn unsern Gästen damit ein Gefallen g'schieht — kommen S' her, Fräulein Anna, fangen wir vor Allem das G'sätzel vom Spitzenklöppeln an, die Frau Friedl soll mitthun, ich brumm' den Grundbaß dazu!

Wolfg. Und wenn's erlaubt ist, singt Alles und so oft es irgendwie paßt!

Wurz. Bitt', nach Belieben; also über das Spitzenklöppeln —

Finale.

Anna, Fr. Friedl, Wurz. (singen).
Schaut, die schmucke Klöpplerin
Schnellt die Klöppel her und hin;
Her und hin, hin und her
Tanzen sie die Kreuz und Quer! Ach!
Her und hin, hin und her, geht es kreuz und quer —

Anna und Wurz.
Weint, derweil die Klöppel fliegen,
's kleine Kinderl in der Wiegen.

Wurz. Wiegt sie's, klöppelt obendrein.
Anna. Obendrein, singt sie's ein! Schlaf ein!
Wurz. Wiegt sie's, klöppelt obendrein,
Ja, sie singt's noch ein.
Alle. Eia Popaia, schlaf', süßes Kind.
Wurz. Schlaf', süßes Kind!
Anna. Schlaf', süßes Kind!
Klöppel tanzet hin und her geschwind.
Alle. Klöppel, es tanzet hin und her geschwind —
Eia Popaia, schlaf', süßes Kind.
Pst — Pst — Pst — (Walzer.)

Wurz. (spricht). Nun, etwas von den fleißigen Webern im Erzgebirge!

Anna, Friedl und Wurz.
Weberleut, ja, fleiß'ge Leut', ja,
Gestern g'rad' so, als wie heut'.
Schaffen mit Noth und Müh'
Täglich aus dem Webstuhl sie;
Haben weder Geld, noch Gut —
Dabei — mit hohem Muth —
Essen s' — 's ist wahr —
Heut' Erdäpfel — morgen Erdäpfel,
Erdäpfel — 's ganze Jahr!
O weh, o weh, das ganze Jahr Erdäpfeln!

(Chor rep. mit Pantomime des Webens.)

Wurz. Ja, die Diät ist dort zu Haus: Nur Diät
In allen Bädern dort heißt's strenge: Nur Diät.
Will Einer Braten, Ganserl, Kuchen, feinen Wein,
So sagt der Arzt: „O, das genieße ich allein."

In Karlsbad trinkt man sein Sprudel und geht
darauf spazieren,
In Teplitz darf man, wie Sie wissen, Holhippen blos
schnabuliren,
In Franzensbad, da ist das Hung'rig-, ach Hung'rig-
sein der Brauch!
Und in Marienbad verliert man seinen Bauch!

Friedl (spricht). Jetzt kommen die Spinnrad'ln.

Anna und **Fr. Friedl.**
  Spinnrad'l lauf',
  Spinnrad'l d'rauf,
  Spinnrad'l um —
  Wibibum.
  Spinnrad'l lauf',
  Spinnrad'l d'rauf,
  Radel, radel, radelrum.

 (Chor rep., dabei Getöse der Räder einer Spinnfabrik.)

Wurz. So geht's in manchem Ort
Tag und Nacht sausend fort;
Alles, was Händ' hat, spinnt,
Alles spinnt,
Greis und Kind, fort, fort in der Tour,
Lauf', lauf', surr!
Alles, was Händ' hat, spinnt,
Greis und Kind, Alles spinnt.
  [: Spinnrad'l lauf',
  Spinnrad'l d'rauf!:]
Spinnrad'l rund und um — } rep.
Wibibum!
  [: Radel, radel, radelrum!:]
In Eger — in Eger,
Da dampfen hundert Schlote!
In Eger — in Eger,
Dort gab's auch Mord-Complote!
Das machte dem Generalissimus,
Dem Wallensteiner, viel Verdruß!
In Eger —
In Eger — in Eger's Mauern — ach!

Wurz. (spricht). Und jetzt die Kinderspielerei-Fabrikation!

Anna. [: Schöne Kinderspielerei
Wird erzeugt bei uns stets neu!:]
Säbel, Tschakos, Pferd', Schabracken,⎫
Wursteln, die fein Nüsse knacken,   ⎬ rep.
Zither, Geigen, Pfeifen, Flöten,   ⎪
Ratschen, Trommeln und Trompeten;   ⎭
Alles könnt' Ihr kriegen da,
Dumbidibum und Ratarada!
(Wiederholung mit Kinder-Instrumenten im Orchester.)

Wurz. Und die Saazergurken, ach, die Saazergurken,
Diese Gurken sind famos, das stimmt.
Und durch Saazerhopfen, und durch Saazerhopfen
Wird das Pils'ner Bier bei uns berühmt —
Das Pils'ner Bier, wie schmeckt es mir!

Eduard, Wolfg. und Akademiker.
Glück auf! Glück auf!
Der Bergmann fährt in den Schacht!
Glück auf!
Hinab in die Nacht!

Wolfg. Der blaue Himmel glänzt ihm nicht,
Ihm leuchtet nicht der Sonne Licht!

Eduard. Tief im Gestein vergraben,
Sucht er die reichen Gaben
Und ruft darauf: Glück auf! Glück auf!
In alle Ewigkeit!

Wurz. Tralala! (Donner.)
So geht es fort mit Fleiß und Müh'
Wochenlang, ob spät, ob früh;
Aber Sonntag ist nicht weit,
Wo man sich des Lebens freut!
Und die Alten sitzen dann
In der Schänk', so Weib, als Mann,
Plaudern, daß die Zeiten schwer.
Trinken manchen Steinkrug leer.
Währenddem dreht sich im Kreis
Nach des Spielmanns lust'ger Weis'
Junges Blut und schleift und springt,
Wenn die Polka fröhlich klingt.
Lalala 2c. 2c.
(Alles fängt Polka zu tanzen an, Warzinger mit Mali, Frau Friedl
mit Eduard u. s. w., während des Tanzes fällt der Vorhang.)

Ende des ersten Actes.

Zweiter Act.

Hübsch eingerichtetes Zimmer in Fröhlich's Haus. Vorne rechts ein Schreibtisch.

Erste Scene.
Fröhlich. Milih.

Fröhl. (behäbiger alter Herr, der es jedoch im Augenblick sehr eilig hat, sitzt vorne rechts an einem Schreibtisch und rafft verschiedene Schriftstücke zusammen.) Da, lieber Schwiegersohn, die Vollmacht, da die Geschäftsbriefe, die Waarenlisten und die Tarif-Verzeichnisse, dies und das. (Uebergibt ihm Alles.) So, reisen Sie also heut' Nachmittag mit Gott und der zweiten Class', Staatsbahn, Courierzug! (Steht auf.) Schau'n S' nur, daß Sie unserm Haus recht viele neue Kunden zubringen. Die Geschäfte gehen verdammt flau! Also, nochmals Adieu! (Schüttelt ihm die Hand.)

Mil. Herr Schwiegerpapa, ich kann mit Sicherheit darauf rechnen, daß Louise, meine Frau, während meiner Abwesenheit in Ihrem Hause bleibt?

Fröhl. (ungeduldig). Versteht sich, meine Frau, Ihre Schwiegermutter, ist ja damit einverstanden, daß unsere Tochter Louise bei uns logirt und Sie wissen, daß im Haus nur das geschieht, was meine Frau will, während die Fabrik ausschließlich unter meiner Leitung steht! Wenn also Ihre Frau nicht selber von uns fortgeht, so wird sie wohl bis zu Ihrer Rückkunft bei uns bleiben!

Mil. (aufgeregt). Wann sie nicht selber fortgeht? Herr Schwiegervater, was wollen Sie gefälligst damit sagen? Glauben Sie, daß meine Frau im Stande sein könnte, das Elternhaus ohne mein Wissen und Willen zu verlassen?

Fröhl. Ah bah, was fällt Ihnen denn ein. Setzen Sie sich schon wieder was in den Kopf, Sie Eifersuchtsmeier?

Mil. Sie haben aber doch gefälligst selber vorausgesetzt —

Fröhl. Nichts, gar nichts! Es war nur eine Bemerkung von mir, um Sie zu beruhigen! Denken Sie nicht an die Möglichkeit, daß Ihnen Ihre Frau untreu wird; das ist Nebensache!

Mil. Nebensache? Oho, da muß ich doch gefälligst bitten —

Fröhl. Sie mißverstehen mich ja schon wieder! Ich will ja nur sagen, daß für Sie, als einen Geschäftsreisenden, das Geschäft die Hauptsach' sein muß! Und jetzt Adieu, wir sehen uns heut' nicht mehr, denn die heutige Gerichtsverhandlung, wobei ich als Geschworner zu fungiren habe, kann auch bis in die Nacht hinein dauern! 's ist ein schwieriger Fall, der Angeklagte ist stocktaub, der deutschen Sprache nicht mächtig und leugnet! Wie viel Uhr ist's denn? (Blickt auf seine Uhr.) Teufel, schon acht Uhr! Um neun Uhr muß ich im Landesgericht sein! Adieu, Adieu! Herr Schwiegersohn! (Schüttelt ihm die Hand.)

Mil. Leben Sie wohl, auf Wiederseh'n, Herr Schwiegervater! (Durch die Mitte ab.)

Zweite Scene.

Fröhlich allein, dann Emeline.

Fröhl. Ein schrecklicher Mensch, mein Herr Schwiegersohn! Wenn ich meine Frau gewesen wäre, der hätt' unsere Tochter sein Lebtag nicht gekriegt, muß mir g'schwind noch die Acten zusammensuchen! (Kramt auf dem Schreibtisch herum.) Da ist auch der Brief von dem Postexpeditor Wurzinger, wo er mir anzeigt, daß er heut' ankommt, um sich uns vorzustellen und um die Hand von einer unserer Töchter zu bitten; der scheint nicht zu wissen, daß die Eine bereits verheiratet und die And're auf dem Lande bei ihrer Tant' ist — ich hätt' ihm darüber schreiben sollen — hab' aber im Troubel ganz vergessen. Ah, meine Frau! (Links blickend.)

Emel. (von links kommend, eine stattliche Frau mit Negligéhäubchen, alten Handschuhen an den Händen, zusammengefaltete Gardinen unter dem Arm und einen Bartwisch.) Bist noch da, Christian? Das ist g'scheidt! Du kannst mir gleich helfen, die Gardinen aufmachen.

Fröhl. Fällt mir nicht im Schlafe ein! Ich muß ins Landesgericht, es ist acht Uhr vorbei! (Zieht den Schlafrock aus und den Rock an, der an einem Kleiderstock hängt.)

Emel. Aber ein paar Minuten wirst Du doch Zeit haben?

Fröhl. Nicht einmal ein paar Secunden! Muß fort. Wo ist mein Hut? Ah, da! (Nimmt vom Kleiderstock den Hut.)

Emel. Das ist doch schrecklich! Alles soll ich allein machen, die Gardinen aufhängen, die Möbel ausklopfen, den Fußboden wichsen —

Fröhl. So laß' Dir einen Dienstmann und einen Zimmerputzer kommen! (Setzt den Hut auf.)

Emel. Um keinen Preis! Erstens verlangen die Leute für jede Kleinigkeit eine Masse Geld, und Zweitens schnofeln sie im ganzen Haus herum, da kann man nicht wissen, was geschieht, jetzt, wo die Unsicherheit so überhand nimmt!

Fröhl. (seine Papiere zusammensuchend). So nimm Leute aus der Fabrik.

Emel. Die versäumen zu viel Arbeit.

Fröhl. Mach's mit der Köchin.

Emel. Die muß einkaufen gehen, nachher muß s' kochen! Du kannst Dir schon a bisserl Zeit nehmen.

Fröhl. Bitt' Dich, Frau, red' nur keinen Unsinn! Ich bin Geschworner, muß meine Staatsbürgerpflicht erfüllen — Adieu! (Will fort.)

Emel. Halt, Du bleibst noch da, ich muß Dir noch was sagen!

Fröhl. Laß' mich aus, ich, ich — werd' Dir einen meiner Bekannten schicken, 's ist ein zu Grund gegangener Cravattenmacher, jetzt bestürmt er mich, ich soll ihn als Platzagent verwenden — er paßt mich alle Tage auf der Straßen ab, der Mann wird mit Vergnügen zu Deinen Diensten sein! Also, Adieu! (Eilt fort, besinnt sich.) O, verflucht! Du, Frau, es kommt heut' ein Brautwerber zu uns, der Postexpeditor von Fürstendorf, er will um eine von unseren Töchtern anhalten!

Emel. Was? Ein Brautwerber kommt um uns're Poldi? Die ist ja am Land bei der Tant'! Und das sagst Du mir erst jetzt?

Fröhl. Ich hab' vergessen!

Emel. Was ist's denn für ein Mann? Jung? Hat er Geld — hat er —

Fröhl. Ueber das Letztere weiß ich nichts Gewisses! Mußt Dich halt über das Alles orientiren, geht ja eigentlich als interne Familienangelegenheit hauptsächlich Dich an — mir ist Alles recht und (sieht auf die Uhr) — Himmel, halb neun, ich komm' zu spät! (Will fort.)

Emel. (aufgeregt). Ein Brautwerber kommt, da muß ich mich tummeln — vergiß nicht auf Deinen Bekannten, wie heißt er denn? Und wie nennt sich der Heiratscandidat?

Fröhl. (eiligst). Der Eine heißt Wurzinger, der Andere Füchsel und jetzt hol' Dich der — nein, behüt' Dich Gott! (Schießt ab durch die Mitte.)

Dritte Scene.

Emeline allein, dann Köchin.

Emel. Ein Brautwerber kommt um die Poldi und das sagt mir der schreckliche Mensch in dem Augenblick, wo ich alle Händ' voll zu thun hab'! (Zur eintretenden Köchin.) Was gibt's?

Köchin (mit dem Marktkorb durch die Mitte). Gnä' Frau, soll ich für zu Mittag Schweinsschnitzeln oder nur Lungenbraten nehmen?

Emel. Nimm Beefsteaks und Brathendeln, wir werden wahrscheinlich einen Gast haben und schick' mir auch gleich einen Burschen aus der Fabrik mit einer Leiter!

Köchin. Schon recht, küß' d'Hand! (Mitte ab.)

Emel. Wann nur der Bekannte von meinem Mann bald käm' — ich steh' auf Nadeln, muß auch noch im Schlafzimmer die Betten frisch überziehen — ach, was es in einem geordneten Hauswesen für Unordnung gibt, das glaubt nur Der, der so was aus eigener Erfahrung kennt! (Es wird an der Mittelthür geklopft.) Es kommt wer — vielleicht ist's der — wie heißt er denn nur — (Ruft.) Herein!

Vierte Scene.

Vorige. Wurzinger, trägt einen aus der Mode gekommenen schwarzen Anzug und einen lichten Ueberzieher, dazu weiße, gewirkte Handschuhe.

Wurz. (im Eintreten). Hab' die Ehre, den allerschönsten guten Morgen zu wünschen!

Emel. (betrachtet ihn vom Kopf bis zu den Füßen; für sich). Der konnt's wohl sein —! Guten Tag, bitt' den werthen Namen —

Wurz. Wurzinger — zu dienen, Hans Wurzinger und bin —

Emel. (einfallend). Wurzinger! Richtig! Das ist der Name, mein Mann hat mit mir schon von Ihnen gesprochen — sind ein guter Bekannter von ihm.

Wurz. Wenn ich mich als solcher vorstellen darf, ist es mir eine außerordentliche Ehre! Habe wohl das Glück, mit der Frau Gemalin zu sprechen?

Emel. Die bin ich.

Wurz. Sehr schön! Erlauben — (Küßt die Hand.)

Emel. (leutselig freundlich). Schon gut, schon gut, bester Herr. Machen Sie sich's commod, ziehen S' den Rock aus!

Wurz. (verwundert). Den Ueberzieher? Wann's erlaubt ist — derlei Röcke sind immer ein bisserl uncommod. (Zieht den Rock aus, weiß aber nicht, wohin damit.)

Emel. (zeigt auf den Kleiderstock). Da hängen S' ihn auf und das Uebrige ebenfalls dazu!

Wurz. Mit Erlaubniß! (Für sich.) Die Frau g'fallt mir — macht keine Gixen und Gaxen — muß sagen, g'fallt mir wirklich sehr — (Geht devot auf den Fußspitzen zum Kleiderstock und hängt dort Rock und Hut auf. — Ein Bursche, Georg, mit einer Leiter tritt durch die Mitte.)

Georg. Wo soll ich's denn hinthun?

Emel. Laß' die Leiter gleich bei der Thür! (Bursche stellt die Leiter zur Thür.) Bring' mir die Vorhängstangen aus dem Zimmer, sie lehnen beim Chiffonier links.

Georg (eilt links ab, kommt mit den Stangen, legt sie ab und entfernt sich durch die Mitte).

Emel. (zu Wurzinger). Warum legen S' denn nicht ab?

Wurz. (weist auf seinen Ueberzieher). Bitte, war bereits so frei!

Emel. Ziehen S' nur den zweiten Rock auch aus —

Wurz. (staunt). Den Zweiten? Den da?

Emel. Warum denn nicht?

Wurz. (perplex). Aber, hochverehrte Frau von Fröhlich! Ich kann doch nicht mein Anliegen in Hemdärmeln vortragen.

Emel. Was Ihr Anliegen betrifft, so lassen Sie sich keine grauen Haare wachsen — mein Mann wird die Sache schon arrangiren!

Wurz. (erfreut). So? Na — das ist mir — aufrichtig gesagt — sehr angenehm.

Emel. Glaub's wohl!

Wurz. Denn sehen Sie, wenn man so hin- und her-schwankt — nicht recht weiß, wie man d'ran ist — wird's was oder wirds nichts — so, na, Frau von Fröhlich, Sie können sich das vorstellen!

Emel. Natürlich! Ziehen S' nur den Frack aus!

Wurz. (wieder staunend, fast betroffen). Aber warum denn?

Emel. (ungeduldig). Warum? Weil Sie dann nicht so genirt sind!

Wurz. Im Gegentheil, au contrair, g'rad' in Hemd-ärmeln wär' ich genirt.

Emel. (sieht ihn; für sich). Was hat er denn? (Wie von einem Gedanken erfaßt.) Ah, weiß schon, 's ist ein armer Teufel, der — (Laut.) Lieber Herr, Sie sind genirt, weil Ihre Hemd-ärmeln vielleicht etwas — schleußig sind?!

Wurz. Schleußig? Meine Hemdärmel? Sie glauben, ich bin ein, ein in seinen Verhältnissen derangirter Mensch? Ah!

Emel. Also nicht? Um so besser; warum geniren Sie sich denn nachher? Oder haben Sie vielleicht nicht Lust, mir zu helfen? Dann nichts für ungut! Ich hab' nur 'glaubt, weil mein Mann g'sagt hat: 's ist einer meiner Bekannten und der wird mit Vergnügen zu Deinen Diensten sein —! Uebrigens, wann Sie nicht wollen, muß ich mich halt um jemand Andern umschauen, der so gefällig ist!

Wurz. (besorgt). Aber ich bitt', wann der Herr Gemal gemeint hat, daß ich gefällig sein soll, bin ich es ja mit größtem Vergnügen, nur bitt' ich, mir zu sagen, in welcher Weise —?

Emel. Vorerst handelt es sich darum, in diesem Zimmer die Vorhäng' — aufzumachen!

Wurz. Ah, und darum soll ich den Frack ausziehen? O, das kann ich schon thun! Sie erlauben!

Emel. Nun ja, nur g'schwind', g'schwind' — 's gibt noch eine Menge zu richten!

Wurz. (zieht den Frack aus, hängt ihn an den Kleiderstock, präsentirt und bemüht sich auch zu zeigen, daß die Hemdärmeln nicht defect sind). Hochverehrte Frau! Jetzt bin ich zu Allem bereit!

Emel. (freudig). Schön, so ist's recht. (Faßt die Leiter an.) Zuerst stauben Sie die Portière über der Thür ab. (Schiebt ihm die Leiter zur Mittelthür.)

Wurz. Mit Vergnügen! (Steigt hinauf, und weil sie den Abstauber nicht gleich bringt, steigt er auf der andern Seite wieder herab.) Geb'n S' an Abstauber her!

Emel. (welche eben die Stange auswählt). Sein S' denn schon wieder unten? Bleiben S' oben — ich reiche Ihnen Alles, was nothwendig ist, hinauf!

Wurz. Mit Vergnügen! (Steigt wieder hinauf.)

Emel. (folgt). Da haben S' die Stange!

Wurz. Danke bestens. (Faßt und legt die Stange in die Haken.) Hab'n S' net a Nagerl, da hängt a Fransen weg!

Emel. Da hab'n S' a Nagerl!

Wurz. (klettert herab). Ein' Hammer!

Emel. Aber ich komm' ja schon, bleiben S' doch oben!

Wurz. (klettert hinauf). Mit Vergnügen!

Emel. Da! (Hält den Hammer hinauf.)

Wurz. (befestigt sie. In diesem Augenblick kommt Füchsel zur Thür herein und rennt durch die Leiter, die dadurch wackelt).

Füchsel (eilig). 'gebenster Diener, da bin ich!

Wurz. Kruzi, ich krieg' den Schwindel! Pardon! (Wankt mit der Leiter.)

Fünfte Scene.

Vorige. Füchsel.

Emel. (zu Füchsel). Na, na, na! Hat's der gnädig! Was steht zu Diensten?

Füchsel (ältlicher Mann mit Glatze, dunklen Kleidern, welche nicht mehr neu sind, aber sorgsam erhalten — äußerst höflich im Benehmen). Ich selbst steh' zu Diensten, mein Name ist Füchsel! Habe die Ehre, ein guter Freund des Herrn Gemals zu sein — gnädige Frau — bitte über mich zu verfügen! (Küßt ihr die Hand.)

Emel. Bitte, bitte. (Für sich.) Füchsel heißt er? Das ist der Brautwerber. (Laut.) Entschuldigen, bin g'rad' mitten in der schönsten Arbeit.

Füchsel. Weiß schon, versteht sich bei Frauen, die ihren Hausstand in Ordnung haben wollen, von selbst. Will auch gleich selbst mithelfen.

Emel. (sehr höflich). O, zu freundlich! Bitte, sich zu setzen!

Wurz. (der herab und nach vorne gekommen). So, ich bin schon fertig.

Emel. Schön, jetzt kommen die Thürvorhänge! (Weist nach links.) Sein S' so gut und holen S' die Leiter. (Zu Füchsel.) Sie erlauben schon. (Geht zum Tisch, wo die Gardinen liegen.)

Füchsel (setzte sich und folgt nun aufspringend Emeline). Die Vorhänge werde ich aufmachen!

Emel. (drückt ihn auf den Stuhl). Nein, nein! Wär' nicht übel, behalten Sie Platz.

Füchsel. Aber, gnädige Frau!

Emel. Thu'n Sie mir das nicht an, behalten Sie Platz! (Zu Wurzinger.) Sie, tummeln S' Ihnen!

Füchsel. Wie Gnädige befehlen! (Setzt sich.)

Wurz. (hat die Leiter zum Fenster getragen). Bin schon da! (Für sich.) Eine sehr angenehme Frau! Sie geht mit mir um, als wenn ich bereits zur Familie gehöret! (Steigt hinauf.)

Emel. So! (Reicht ihm die Carnießenstange.) Da haben Sie!

Wurz. (auf der Leiter). Sie hält mir die Stange, sehr eine angenehme Frau! (Legt die Stange in die Haken.) Bitt' gefälligst um den Vorhang!

Emel. Da sind sie schon! (Reicht ihm die Vorhänge.)

Füchsel (für sich). Sie braucht mich ja zu gar nix! Muß mich wichtig machen! (Ruft von seinem Platz aus gegen Wurzinger.) He, Sie, Dienstmann! Der Vorhang hängt schief! Hören S' nicht, Dienstmann?

Wurz. (blickt betroffen nach Füchsel). Mir scheint, der Mensch red't mit mir? (Barsch.) Der Vorhang kann schief hängen, ich aber, ich bin kein Dienstmann.

Füchsel. Kein Dienstmann?

Emel. (zu Füchsel kommend). Sie irren sich, es ist ein Bekannter von mein'm Alten, der so freundlich ist, mir zu helfen!

Füchsel. Kein Dienstmann? (Ruft.) Ah, da bitt' ich um Verzeihung, verehrter Herr!

Wurz. Schon gut! Sagen S' nur, ob der Vorhang jetzt noch schief ist!

Füchsel. Ein wenig mehr rechts!

Emel. Ein' Gedanken mehr links!

Füchsel. Ein Alzl mehr nach oben.

Emel. Eine kleine Idee mehr nach unten!

Wurz. (immer an den Gardinen schiebend). Wenn's jetzt nicht bald ordentlich hängen, so häng' ich mich selber dazu!

Sechste Scene.

Vorige. Louise.

Louise (in eleganten Straßenkleidern von rechts; jung, von mädchenhaftem Aussehen). Liebe Mutter, ich geb' zu unserer Modistin, soll ich für Dich auch was besorgen?

Emel. Für mich? Nein, mein Kind!

Wurz. (der oben aufmerksam wurde). Mutter sagt sie? Also eine Tochter! Da muß ich mich ja vorstellen.

Emel. (zu Louise, die fort will, sehr eindringlich). Louise, einen Augenblick. (Nimmt sie bei der Hand, sich zu Füchsel wendend.) Unsere Frau Tochter Louise Militz. (Füchsel vorstellend.) Herr von Füchsel, ein Freund Deines Vaters!

Wurz. (ist von der Leiter herab und fängt an, hinter Louise Complimente zu machen; plötzlich fällt ihm ein, daß er in Hemdärmeln ist, wird verlegen und zieht sich, immer das Gesicht gegen Louise gewendet, in die Nähe des Kleiderstockes).

Füchsel (Complimente schneidend). Sehr erfreut, ungemein glücklich, die Ehre zu haben!

Emel. (vertraulich zu Louise). 's ist Einer, der um die Hand Deiner Schwester anhalten will!

Louise, (die Füchsel's Artigkeit mit kaltem Gruß erwidert, spöttisch zu Emeline). Nun, um so einen Zukünftigen ist meine Schwester nicht zu beneiden! Der ist ja schon ein Halbvergangener! (Lacht. — In diesem Moment hat hinten Wurzinger nach seinem Frack gelangt, aber Fröhlich's Schlafrock erwischt und diesen — fortwährend die Augen nach Louise gerichtet — rasch angezogen, ist vorgetreten und ruft mit vieler Verbeugung.)

Wurz. Mein verehrtes Fräulein!

Louise (blickt um sich, erschrickt und stößt einen leichten Schrei aus). Ha!

Wurz. (ebenso wie Louise). Ha!

Emel. (Wurzinger anstarrend). Was treibt denn der Mensch? Sie ziehen meinen Mann seinen Schlafrock an?

Wurz. (bemerkt dies auch und ist ganz entsetzt, zieht den Schlafrock aus, wobei er — nach rückwärts gehend, gegen den Kleiderstock retirirt). O verflixt, hab' mich vergriffen, bitt' um Verzeihung, meine Damen. (Langt nach seinem Frack, in den er nicht hineinfindet.

Louise (laut lachend, durch die Mitte ab).

Siebente Scene.
Vorige ohne Louise.

Füchsel (den den Wurzinger seine Bemühungen, in seinen Frack zu gelangen, gleichfalls amüsirte, hilft ihm jetzt). Sy, jetzt haben S' die Güte und schliefen S' endlich einmal hinein!

Emel. Und dann werden Sie es wohl begreiflich finden, daß ich mir eine Erklärung Ihres plötzlich so unerklärlichen Benehmens ausbitte!

Wurz. (hat den Frack nun am Leib, ist ungemein echauffirt, zieht ein Taschentuch, trocknet das Gesicht und sagt dann). Hochverehrte Frau, werden verzeihen, daß ich beim Erscheinen Ihrer Fräulein Tochter sofort den Wunsch und das Bedürfniß hatte, mich derselben vorzustellen und —

Emel. Bitte, vor Allem ist meine Tochter Louise kein Fräulein!

Wurz. (einfallend). O, warum denn nicht? Ehre, dem Ehre gebührt!

Emel. Und dann finde ich Ihre Bemühungen wohl verzeihlich, ja sogar gewissermaßen natürlich. (Geringschätzend.) Aber, was Sie betrifft, eigentlich ganz überflüssig!

Wurz. (erregt). Was? Ueberflüssig? Ah! Das hört sich ja g'rad' so an, als ob eine allenfallsige Werbung meinerseits um die Hand einer Ihrer Töchter ein Ding der Unmöglichkeit wäre!

Emel. (höchst überrascht und die einzelnen Worte mit Nachdruck sprechend). Was? Sie hätten eine solche Absicht? Eine Werbung wäre der eigentliche Zweck Ihres Erscheinens? (Indignirt.) Ah, erlauben Sie, Ihnen werden wir doch eine uns'rer Töchter nicht zur Frau geben!

Wurz. (stammelt). Wenn ich — das vielleicht auch — gerade nicht für meine Person — prätentire — so wär's mir aber doch sehr angenehm, wenn —

Emel. (aufgeregt). Ah, so eine Keckheit! Da hört sich ja Alles auf! Mein bester Herr, was Ihnen nicht einfällt! Ich glaub's wohl, daß Sie mit beiden Händen zugreifen möchten, um ein junges, hübsches Mädchen mit Geld als Braut zu erwischen, aber das sag' ich Ihnen — und darauf können S' Siegel und Brief nehmen, ein armer Schlucker, wenn er auch jung und wiff wär', was sie keineswegs sind, der aber nichts hat, als was er sich mit Müh' und Noth verdient, der wird unser Schwiegersohn niemals! Das gibt's nicht.

Wurz. (ebenfalls aufgeregt). Gibt es nicht?

Emel. Nein, in alle Ewigkeit nicht! Jetzt wissen Sie's und jetzt brauch' ich auch Ihre Dienste nicht mehr! Dieser Herr (auf Füchsel) wird hoffentlich die Gefälligkeit haben, mir weiter auszuhelfen!

Füchsel. O, mit tausend Wonnen!

Emel. Sind sehr liebenswürdig! Bitte also, nehmen S' die Leiter und kommen S' mit Fenster aushängen. (Wirft Wurzinger einen verächtlichen Blick zu und geht rasch ab, rechts.)

Wurz. (ruft nach). Gibt Sie's also wirklich nicht? Kruzi Adazerl! (Zu Füchsel, der mit der Leiter abgehen will.) Servus, Aushilf!

Füchsel. Was? Bin ka Aushilf!

Emel. (in der Thür rechts). So kommen S' doch!

Füchsel. Ja, meine Gnädige. (Rechts ab.)

Achte Scene.

Wurz. (allein). Ah, da bin ich als Brautwerber im Interesse meines Bruders, schön aufg'sessen! Was hat's g'sagt? Ein armer Schlucker, wenn er auch jung und wiff wär', was Sie keinesfalls sind, der aber nichts hat, als was er sich mit Müh' und Noth verdient, der wird unser Schwiegersohn niemals! Das gibt's nicht! Mein Bruder ist eigentlich wohl ein armer Schlucker bis dato und ich bin kein wiffer Bursch a dato? Aber ich hab' was auf die Seiten gebracht; kann mein' Bruder ausstatten, und dann heirat' ja nicht ich, der alte Griesgram — sondern er — der jung ist, jung, jung — das is a Numero, jung muß man sein, jung, dann geht Alles leicht und commod! Ja, die Jugend!

Couplet.

I.

Man kann Manches machen,
Was Niemand find't g'scheid't,
Und doch zu entschuld'gen,
Daß so 'was ein' freut,
Man kann duelliren sich,
Kann spiel'n, kann Bravour'n
Mit kaltem Blut ausführ'n,
Daß d'Haar sich sträuben thun!
Man kann sich dem König gleich
Dünken am Thron,

Blos weil man ein' Rausch hat
Als wie a Kanon',
Und Alles das wird ein'm
Die Welt leicht verzeih'n —
[:Aber jung — aber jung —
Aber jung muß man sein!:]

II.

Sie hat ihn erblickt und
Er hat sie geseh'n,
Sie findet ihn herzig,
Er sie himmlisch schön!
Er paßt unter'm Hausthor,
Sie kommt — o welch' Glück!
Was reden — ist balkert
Und doch Sphärenmusik!
Er steht bei der Nacht, wo's
G'rab' schneibt, vor ihr'm Haus —
Sie hat's Fenster offen,
Ka Hund haltet's aus!
Doch ihr schad't das nichts
Und ihm auch nicht, o nein!
(Die Hände reibend.)
[:Aber jung — aber jung —
Aber jung muß man sein!:]

III.

Der Kampf um das Licht war
Erst unlängst entbrannt,
Die Gegner hab'n g'stritten,
's war höchst int'ressant;
Die Einen, die brüllten:
„Wir selbst liefern 's Gas!"
Die Andern schrei'n: „Unsinn,
Was's kost', is ka Spaß!"
Dabei sei beachtet, daß
Eh' man es denkt,
's elektrische Licht
All's And're verdrängt,
Wir seh'n auch noch Wien
Im elektrischen Schein —
[:Aber jung — aber jung —
Aber jung muß man sein!:]

IV.

Hazardspiele waren
Bisher nicht erlaubt,
Maccao, halb Zwölfe,
Roulett überhaupt!
Auch's Färbeln war strenge
Verpönt und beengt
Und Jeder wurd' g'straft,
Den's dabei hab'n b'erglengt:
Doch jetzt wird in Ungarn
Erklärt frank und frei,
Daß's Färbeln ein harmlos
Spielettl blos sei!
Man kann's ja um Plutzerkern
Spiel'n und sich freu'n —
[:Aber jung — aber jung —
Aber jung muß man sein!:]

V.

Weil d'Einbrecher sich jetzt
Gar nimmer genir'n
Und sich so gefährlich zeig'n
Den Juwelier'n,
D'rum werden die G'schäfte
Beleucht' jetzt bei Nacht,
Von Außen ein Guckerl,
Gar schlau angebracht!
Und jetzt soll'n die Gauner
Nur kommen ganz keck,
Erwischt wer'n sie Alle
Von uns auf'n Fleck —
Oder glauben S', daß was ahnen
Mit'n Guckerl! O nein!
            (Deutet auf die Stirne.)
[:Aber jung — aber jung —
Aber jung muß man sein!:]

VI.

Heut', wo die Bevölkerung
G'mischt is so sehr,
Der heimische Urstamm sich
Mindert stets mehr,

Da hab'n echte Wiener
Zu wohltätigem Zweck
Den Urwiener-Club rasch
Errichtet am Fleck;
Wiens älteste Häuser und
G'schlechter, die sind
Da glänzend vertreten,
Mit Mann, Weib und Kind,
Zu Tanzfesten laden's dann
Maderl auch ein —
[: Aber jung — aber jung —
Aber jung muß man sein!:]

VII.

Die Stadt breitet immer
Sich mehr und mehr aus,
Am äußersten Ende,
Baut ma Haus um Haus!
Es ist auch ganz recht, denn
Im Mittelpunkt blos
Ist's schwer zu logir'n, weil
Der Zins viel zu groß,
Und ist der Weg weit, na —
Sein Stellwag'n im Brauch,
Die Tramway und künftig
Die Stadtbahn ja auch,
Die Stadtbahn, wir erleben's noch,
Daß fahrt aus und ein —
[: Aber jung — aber jung —
Kaum gebor'n muß er sein!:]

(Nach dem Couplet ab, Mitte.)

Neunte Scene.

Louise durch die Mitte. **Wurzinger.**

Louise (blickt suchend umher). Die Mutter nicht da? Mein' Mann find' ich auch nicht! (Will links ab.)

Wurz. (rasch durch die Mitte). Da ist sie! Bin ihr auf der Stiegen begegnet, hab' gegrüßt, wurde aber gar nicht beachtet! Ich kann sie aber doch nicht auslassen — die Gelegenheit ist günstig, fassen wir sie beim Schopf! Bandeln wir per procura an! (Laut.) Mein hochschätzbarstes Fräulein! (Macht Complimente.)

Louise (sieht sich nach ihm um, für sich). Das ist ja der lächerliche Mensch von früher! Zuvor ist er mir auch auf der Stiegen begegnet. Er titulirt mich per Fräulein, weiß also nicht, daß ich verheiratet bin, das ist unterhaltlich! (Mit einem augenblicklichen Entschlusse.) Unterhalten wir uns also! (Grüßt mit mädchenhafter Zimperlichkeit.) Mein Herr, Sie sprechen mich an, was wünschen Sie?

Wurz. (sie wohlgefällig betrachtend, für sich). Ein sehr hübscher Käfer! Diese Schelmenaugen, dieses keck geschwungene Naserl, diese frischen, genial gekräuselten Lippen — der Frau Mutter ihre schauen aus, wie ein alter, zusammengezogener Tabaksbeutel — Dieser trotzig emporstrebende, wiederhaarige Haarwuchs — und das ganze jugendüppige Ensemble wirklich reizend-personificirtes Maler-Album!

Louise. Nun, mein Herr! Werd' ich endlich erfahren, was Sie von mir wünschen?

Wurz. O, mein hochschätzbarstes Fräulein, dieses ist sehr schwer zu sagen.

Louise. Soll ich vielleicht die gute, liebe Mutter rufen?

Wurz. Nein, um keinen Preis, die gute, liebe Mutter. Was ich will, muß ich Ihnen unter drei Augen sagen.

Louise (verwundert). Unter drei? Es heißt doch sonst unter vier Augen!

Wurz. Sonst ja! Aber im jetzigen Falle heißt's deshalb unter drei Augen, weil Sie bei dem, was ich Ihnen sagen will, ein Aug' zudrücken sollen!

Louise. Im Gegentheil! Bei dem, was einem ein Mann sagt, soll man — hab' ich immer gehört — die Augen offen halten!

Wurz. (für sich). Sie ist pfiffig, hat Mutterwitz — nein, sagen wir Jungfernwitz! (Laut.) Mein äußerst liebenswürdiges und höchst reizendes Fräulein!

Louise. O, zu gütig!

Wurz. Nein, nein! Alles, was recht ist, aber Fräulein sind, um mich einer poetischen Licentia zu bedienen, polizeiwidrig sauber!

Louise. Hahaha! Sie reden ja wie ein galanter Detectiv!

Wurz. (betroffen). Detectiv? (Nach kurzem Ueberlegen.) Fräulein haben den Nigl — den Nagl auf den Kopf getroffen; ja, ich bin eigentlich wirklich ein Detectiv; denn Erstens habe

ich bereits eine ganze Bande von Reizen bei Ihnen aus=
gespürt, die alle auf Diebstahl von Männerherzen ausgehen,
und Zweitens hab' ich gute Lust, Sie zu ergreifen und zu
schließen, in meine Arme nämlich. (Breitet seine Arme aus.)

Louise. Oho, mein Herr, da werd' ich Reißaus nehmen!
(Will fort.)

Wurz. (bittend). Nein, hochschätzbarstes Fräulein, ich bitt',
nicht durchzugehen, ich habe Ihnen ja Dinge von höchster
Wichtigkeit anzuvertrauen.

Louise (hält an). Dinge von höchster Wichtigkeit? Die
wären?

Wurz. (gibt sich eine ernste Haltung). Mein Fräulein, hätten
Sie vielleicht Lust, in den Stand der heiligen Ehe zu treten?

Louise (für sich). Wenn er mir einen Heiratsantrag
machet, es wär' himmlisch! Heiraten? (Laut.) Lieber heut',
als morgen!

Wurz. (für sich). Schau, schau, die hat's gnädig! (Laut.)
Bitte, mein Fräulein, heute ist es nicht möglich, morgen
auch nicht! Uebermorgen aber könnten wir schon Verlobung
feiern! (Für sich.) Ich telegraphire halt meinem Bruder, er
soll cittissimo herkommen! (Zu Louise, welche durch übertriebene
Gesten ihre Freude ausdrückt.) Was haben Sie denn, Fräulein?
(Für sich.) Sie tanzt ja förmlich Ballet!

Louise. Ich bin — so viel glücklich über Ihr Aner=
bieten! Ach, Luft — Luft!

Wurz. (weicht ein wenig zurück). Die ganze Vindobona!
Fräulein, bitt', werfen S' Anker — beruhigen Sie sich!

Louise (sich beruhigend). Ach! (Tief seufzend.) Aah! Und
wer ist es — der mir die Ehre erweisen will, mich zu seiner
Frau zu machen?

Wurz. (gefühlvoll). O, ein Mann, ein Mann —

Louise (ebenso). Nun ja, das kann ich mir denken!

Wurz. Ein Mann, ebenso brav als redlich, ebenso
redlich als tüchtig — ein Mann, der sie auf den Händen
tragen wird, der nicht satt werden wird, Sie zu lieben, zu
küssen! (Für sich.) Das thut er überhaupt gern! (Laut.) Kurz,
ein Mann, dessen höchstes Glück es sein wird, Sie mein
nennen zu können — nein, sein nennen zu können, und so
wie ich jetzt — (wirft sich auf die Kniee) — wird er zu Ihren
Füßen liegen und beseligt aufjauchzen: Herrlichstes, einziges

Mädchen, sei mein Weib, mein Himmel, meine ganze Erden=
seligkeit!

Mil. (öffnet die Mittelthür, schreit auf und stürzt zwischen
Beide). Ha!

Zehnte Scene.
Vorige. Militz.

Louise (für sich, halb erschrocken). Mein Mann! (Will links
ab — Militz tritt ihr so entgegen, daß sie zwischen ihm und Wurzinger
zu stehen kommt.)

Mil. Oho, theure Freundin, Sie bleiben —

Wurz. (der aufgesprungen ist). Ein eifersüchtiger Curmacher?
Ein Nebenbuhler? Jetzt heißt's in's Zeug gehen!

Mil. Wer ist der Freche, den ich hier auf den Knieen
überraschte?

Wurz. (mit Applomb). Nehmen Sie das Wort „frech"
zurück oder Sie müssen mir Rechenschaft geben!

Louise. Himmel, ein Duell! (Sich nach Wurzinger's Seite
neigend.)

Wurz. (fängt sie auf). Wird Ihnen nicht gut? Fassen
Sie sich, theure Braut!

Mil. (außer sich). Ah — Ah — Ah —! Bin ich denn
bei Sinnen? Herr, Sie nennen diese Dame Ihre Braut?

Wurz. Unsere Braut! Ja! Gelten S', das gift Ihnen!
(Zu Louise.) Kommen S' zu sich — er darf Ihnen nichts thun!

Mil. Herr, das geht zu weit! Wissen Sie denn, wer
Ihre sein sollende Braut ist?

Wurz. Na, Sie werden sie mir nicht kennen lernen!

Mil. Das werde ich! Denn es ist mein Weib!

Wurz. Was?

Mil. Mein Weib! Meine mir gesetzlich angetraute Gattin.

Wurz. (schreit auf). Ha! (Läßt Louise vor Schreck fast fallen,
faßt sich jedoch sehr rasch, schüttelt sie und ruft.) Bitte, Fräulein,
sprechen Sie! Was der Herr sagt, ist das wahr?

Louise (sich lachend emporrichtend). Nu, natürlich! (Zu den
Beiden.) Ihr seid doch nicht böse des kleinen Scherzes wegen?

Mil. (irritirt). Solche Scherze bitt' ich mir aus! (Disputirt
mit ihr weiter.)

Wurz. (ungemein bestürzt). Ich Dummkopf! Mach' ich
einer verheirateten Frau einen Heiratsantrag! Ah!

Eilfte Scene.
Vorige. Fröhlich durch die Mitte.

Fröhl. Grüß' Gott, Kinder! Freut Euch mit mir, der Proceß ist vertagt worden und ich bin meiner Geschwornen= pflicht für heute entbunden! (Bemerkt Wurzinger.) Ah, der Herr Postexpeditor! Also schon da? Pünktlich wie immer! Hat Sie meine Frau schon gesehen?

Wurz. (ganz confus). Ja, g'sehen, g'sprochen und hinaus= g'worfen! Die Frau Gemalin ist eine sehr thätige Frau, die bringt was füreinander!

Fröhl. (erstaunt). Ah, das ist ja gar nicht möglich! Louise, wo ist denn die Mutter?

Louise (weist nach rechts). Da kommt sie g'rad'!

Zwölfte Scene.
Vorige. Emeline. Füchsel folgt.

Emel. (im Auftreten, sehr erregt). Wo ist der Herr, der — (Sieht Fröhlich.) Du bist schon da, Alter? Stell' Dir vor, ich hab' eine schöne Wirthschaft ang'fangen, hab' den Braut= werber, den Postexpeditor, den Du mir avisirt hast, mit Deinem guten Bekannten, dem z'Grund gerichteten Cravattel= fabrikanten verwechselt — (zeigt auf Füchsel).

Füchsel (pretiös). Ist mir sehr fatal, diese Verwechslung!

Emel. (fortsprechend). Und jetzt muß ich — (sieht Wurzinger). Ah, da sind ja der Herr Postexpeditor! (Zu ihm eilend.) Da sind Sie — Verzeihung, mein bester Herr, thut mir sehr leid, daß ich vorhin so unartig war, aber ich will Alles gut machen, Sie bleiben bei uns zum Speisen — nicht wahr, Alter, er bleibt bei uns? (Hält Wurzinger die Hand hin.)

Fröhl. Versteht sich! Und bei einem guten Glasl alten Oesterreicher reden wir über das Heiratsproject bezüglich unserer zweiten Tochter, der Poldi! Abgemacht! (Hält Wurzinger die Hand hin.)

Louise (zu Wurzinger). Und wir stoßen auch miteinander an, zum Zeichen, daß Sie wegen des kleinen Scherzes von mir vorhin nicht böse sind! (Hält Wurzinger die Hand hin.)

Wurz. Um eine Hand anzuhalten, bin ich gekommen — und drei bieten sich mir dar! Da kann man unmöglich wider= stehen! Gut also, ich nehme die Einladung an! (Schüttelt der Reihe nach die Hände.)

Dreizehnte Scene.

In diesem Momente wird die Mittelthür aufgerissen und **Leopoldine**, mit dem Hut auf dem Kopfe, einer kleinen Handtasche in der Rechten, eilt herein, ihr folgt **Klampfl**.

Leop. Vater, Mutter, Schwester!

Fröhl., Emel., Louise. Die Poldi!

Leop. Vater! Mutter!

Wurz. Das ist die zweite Tochter, da werd' ich gleich mein' Antwurf machen.

Leop. Ich komme extra herein und wißt Ihr warum?

Alle. Nun?

Leop. (weist auf Klampfl). Um Euch den reichen Brauereibesitzer, Herrn Klampfl, vorzustellen, der mich heiraten will!

Alle. Wie?

Klampfl (ein dicker Mann mit rothem Gesicht — jovial). Ja, ich bin so frei, weil's Bier theurer worden is.

Wurz. (entsetzt). Er fischt mir die Braut weg, weil's Bier theurer worden is? Ah, da hört sich die Concurrenz auf! (Stürzt durch die Mitte ab.)

(Gruppe. — Musik.)

Ende des zweiten Actes.

Dritter Act.

Großes Zimmer in einem Gartenhause, die den Hintergrund bildenden Pfeiler sind durch Glaswände verschlossen, durch welche man, wie durch den Eingang in der Mitte, den Anblick nach einem einfachen Garten hat. Links und rechts Wohnungsthüren. Das Zimmer ist mit allerlei altmodischen Möbeln versehen und an den Wänden sieht man alte Stoß=degen, rostige Schwerter und Kürasse, ebenso Rappiere, zur Zierde auf=gehängt. Im Hintergrund eine Panrüstung.

Erste Scene.

Bevor der Vorhang aufgegangen, spielt das Orchester die Melodie des nachfolgenden Liedes und wenn aufgezogen wird, hört man Susi den Jodler des Liedes in der Coulisse singen. Während des Gesanges tritt Bummel durch die Mitte ein, hält in der Thür und hört zu.

Bummel (älterer Mann mit stark markirter Physiognomie, halb=ergrautem Schnur= und Knebelbart à la Victor Emanuel, buschige Augenbrauen, breitem Künstlerhut und militärisch geschnittenem Leibrock, macht während des Gesanges Geberden des Mißbehagens, sagt dann:) Singt schon wieder! (nach rechts rufend.) Susanne! He, Susanne! — Susi!

Zweite Scene.

Vorige. Susi von rechts, hübsches Mädchen in kurzem Röckchen, Blousen=leibchen, klappernden Pantoffeln an den Füßen, mit einem hohen Stiefel am Arm, den sie mit einer Bürste glänzt.

Susi. Der Papa? Was wünschen denn der Herr Papa?

Bummel. Was hast Du eben tentirt?

Susi. Dem Papa seine (hat die Aermel des Leibchens auf=geschlagen, bürstet eifrig) Stiefel putz' ich!

Bummel. Und dazu hast Du wieder gekrächzt, Du weiblicher Uhu!

Susi. Aber, Papa, ich hab' mir ja blos ein Liedl g'sungen!

Bummel. Was war's für ein Liedl? Sing' es noch einmal!

Suſi (weigert ſich). Na!

Bummel (ihr drohend). Singſt Du oder — (thut, als ſuche er einen Stock).

Suſi (ängſtlich). Ja, Papa, ja! Fang' ſchon an! (Singt.)
Ich möcht' amal, ich möcht' amal,
Ich möcht' amal ſo recht viel Geld
Und dächt' amal und dächt' amal,
Mit Geld, da wär's wohl gar nit g'fehlt,
Mit Geld ißt man ſich doch ſatt —
Man ißt viel und delicat!
Ich möcht' amal, ich dächt' amal:
Viel eſſen, wär' nicht ſchlecht amal!

Bummel (ſpöttiſch). Das iſt ein ſchönes Lied!

Suſi (ſingt den Jodler wie zuvor).

Bummel (wie oben). O herrlich! Superbe! Die zweite Strophe.

Suſi. Die Zweite? Ich ſing's net.

Bummel (barſch). Warum nicht?

Suſi. Weil Papa ſchon die erſte nicht gefallen hat.

Bummel. Wo haſt Du das Lied her?

Suſi. Die Köchin vom Hausherrn ſingt's öfter und der hab' ich's abg'ſpickt. (Fängt an, die Stiefel zu putzen.)

Bummel. Und damit heulſt Du mir jetzt das ganze Haus voll? Hab' ich Dir das Singen net ein= für allemal ſtrengſtens verboten?

Suſi (bürſtend). A was!

Bummel (entrüſtet). Was? „A was, a was", ſagſt Du? Ich werd' Dich gleich a waſ—ſern!

Suſi (retirirt). Papatſcherl, nit bös ſein, ich hab' mich verſprochen.

Bummel. Verſprochen?

Suſi. Ja, Papa. Ich wollt' nur ſagen: Wann meine Schweſter Amanda ſingen darf, warum denn nicht ich ebenfalls?

Bummel. Amanda ſoll ſingen, muß ſingen! Sie iſt ein Geſangsgenie, eine zukünftige Primadonna! Weißt Du nicht, daß ſie unſere einzige Hoffnung iſt. Und wenn es mir erſt glückt, einen Wohlthäter aufzugabeln, der uns die Mittel für ihre vollſtändige Ausbildung und ſonſtige Er= ziehungskoſten großmüthig ſpendet, dann ſind wir geborgen. Amanda wird Primadonna, ſingt im Opernhaus bei ge=

räumtem Orchester, kriegt Blumen, Kränze, Gedichte und vor Allem eine so horrende Gage, daß sie uns, ihre mit seltener Ausdauer hungernd und darbende Familie, glänzend versorgen kann.

Susi. Ah, das wird herrlich sein! Aber, Papa, auf welche Art werden Sie denn so einen Wohlthäter aufgabeln?

Bummel. Hier, der Aufruf, den ich im Inseratenwege veröffentlicht habe! (Zieht eine Zeitung aus der Tasche und liest.) „An die nicht nur kunstsinnigen, sondern auch vermöglichen Bewohner uns'rer Stadt! Da es heutzutage bereits eine Seltenheit ist, welche an die sieben Weltwunder des Alterthums mahnt, daß ein braves, wenn auch hübsches, aber dennoch solides Mädchen mit einem redlichen, unerschrockenen Manne unter die Haube kommt, so kann das weibliche Geschlecht, insoferne es ledig sitzen bleibt, nichts Besseres thun, als sich eine selbstständige, wenn auch ehrenvolle Existenz gründen. Der ergebenst Unterzeichnete stellt daher an die edlen und kunstverständigen Mäcenasse dieser Stadt die dringende Bitte, ihm entweder für seine Tochter Amanda einen Mann zu schaffen oder behufs höherer Ausbildung dieser Tochter als Gesangskünstlerin die hiefür nöthigen Fonds edelmüthigst und hauptsächlich baldigst anzuweisen, um solchergestalt ein armes (wird gerührt), aber äußerst gelehriges Mädchen in die Lage zu versetzen, ihr rechtschaffenes Auskommen selbstthätig zu erwerben. — Kunibert Bummel, Fechtmeister, V. Bezirk, Nr. 6, 7. Stiege, Thür 8." (Spricht weiter.) Ist das nicht ein Appell an die Obligationen besitzende, couponsschneidende Menschheit, der die Herzen bewegt, als wären's Lämmerschwänzchen!

Susi. Papa — ich — ich —

Bummel. Du bist ergriffen, Du verlangst den Aufruf noch einmal zu hören?

Susi. Nein, Papa, den andern Stiefel muß ich putzen. Küß' d'Hand, Papa. (Lauft mit dem Stiefel links ab.)

Dritte Scene.

Bummel (allein, wirft Hut und Zeitung ärgerlich weg). Sie begreift gar nicht die Tragweite meines Aufrufes! — 's ist ein ganz stupides Geschöpf! Wie die in meine Familie hineingerathen ist, das weiß der Henker! (Es klopft an der Thür.)

Es klopft Jemand, Himmel, mein Herz fängt auch zu klopfen an! Wenn es einer der längsterwarteten Mäcenasse wär'! (Ruft.) Herein!

Vierte Scene.
Voriger. Wurzinger durch die Mitte.

Wurz. (tritt ein, blickt neugierig herein, kommt dann vor, ohne Bummler zu bemerken und sagt, zum Publicum gewendet). Seit acht Tagen fünfmal per Eilzug hereingefahren und Brautschau g'halten — überaus merkwürdige, aber meist deprimirende Resultate erzielt, zu dem Entschlusse gelangt, die Bedingung: Geld gänzlich zu streichen und dafür mehr auf die übrigen Eigenschaften: jung, sauber, wirthschaftlich, gebildet, treues Herz, verträglicher Charakter zu reflectiren. Gestern in der Zeitung einen Aufruf gelesen — neugierig geworden, daher heut' hier eingetroffen, um (erblickt Bummel, der immer näher gekommen ist, überrascht) — Ha, ich bin nicht allein — wahrscheinlich Derjenige, welcher Herein gerufen hat. (Zu Bummel.) Hab' ich die Ehre, Herrn Kunibert (zieht den Hut, grüßt Bummel, den er forschend betrachtet) — Bummel, Fechtmeister, vor mir zu sehen?

Bummel (überaus höflich). Ja, Fechtmeister Bummel, der bin ich! Uebrigens ist die Ehre meinerseits —

Wurz. Nach Belieben! Ganz nach Belieben, Herr Bummel!

Bummel. Darf ich fragen, mit wem ich die Ehre habe?

Wurz. (für sich). Vorsicht — nicht gleich Farb' bekennen. (Mit nachläßigem Tone zu Bummel.) Sie sind also Fechtbruder — ah, Fechtmeister —

Bummel. Zu dienen, aber —

Wurz. Bringt Ihnen wohl nicht viel ein, die Ausübung Ihrer Kunst?

Bummel. Geht nicht am Besten! Die Concurrenz, die leidige Concurrenz!

Wurz. Ja, ja, es wird gegenwärtig sehr stark gefochten! Haben wahrscheinlich auch Familie!

Bummel (für sich, enttäuscht). O weh! Er hat meinen Aufruf nicht gelesen, ist also nicht einer der erwarteten Mäcene!

Wurz. Ich hab' Sie gefragt, ob Sie Familie haben Sie schweigen? Also keine?

Bummel. O bitte, im Gegentheil! Meine selige Frau hat mich als verwaisten Vater mit vier Stück Kinder zurückgelassen.

Wurz. Die Frau hat das irdische Jammerthal mit dem bessern Jenseits vertauscht? Muß eine sehr einsichtsvolle Frau gewesen sein!

Bummel. O, sie war ein Engel! Meine Tochter Amanda g'rath' ihr ganz nach!

Wurz. (für sich). Aha, das richtige Thema! (Laut.) Ihre Tochter Amanda ist also auch ein Engel?

Bummel (begeistert). Ja, ein Engel, dem nur die Flügel fehlen, um sich hoch über ihre Zeitgenossen zu erheben. Sie ist nämlich angehende Sängerin!

Wurz. Eine Sängerin ohne Flügel? Ha, fatal — sehr fatal!

Bummel. Aber, wenn sich ein Mäcenas fände, der —

Wurz. Müssen sich halt ein' z'leihen nehmen!

Bummel (verwundert). Einen Mäcenas?

Wurz. Einen Flügel, mein' ich, 's gibt ja doch Leihanstalten!

Bummel (entschieden). Die Hauptsach' ist der Mäcen!

Wurz. (sondirend). Sagen Sie mir, möchten Sie Ihre Tochter nicht verheiraten?

Bummel. Meine Tochter, die zukünftige Sängerin, die eine schöne Carrière vor sich hat? Meine Tochter kann heute oder morgen eine Patti sein, eine — eine — mir fällt gar keine größere Berühmtheit ein, als meine Tochter werden kann!

Wurz. O, freilich! Unter Fechtmeisterstöchtern gibt's mitunter auch Talente, aber Carrière machen ist sehr schwierig und nicht jedes Mädel, was singt, wurde eine Sängerin, während noch jedes Mädel, was geheiratet hat, eine Frau geworden ist!

Bummel (für sich). Sollte er vielleicht selber die Absicht haben? (Laut.) Sehr richtig bemerkt, verehrter Herr, und ich gestehe, wenn sich ein Mann fände, der meine Tochter glücklich machen könnte, so wär' ich g'rad nicht abgeneigt!

Wurz. Wird sich leicht finden, warum denn nicht? Ihre Tochter ist ein Engel, wenn sie also einen jungen Mann kriegt, natürlich einen hübschen, der sein Auskommen hat — natürlich sein gutes — so ist wohl gar nicht zu zweifeln, daß Ihre Tochter glücklich wird.

Bummel. Freilich, freilich! Und überdies wäre meine Tochter in ihren Ansprüchen sehr bescheiden!

Wurz. Hören S' auf!

Bummel. O, ungemein bescheiden! So z. B. kann der junge Mann auch älter sein. —

Wurz. (ironisch). Wahrscheinlich auch schiech wie der Teufel?

Bummel. Versteht sich!

Wurz. Und wenn er kein Geld hat, liegt a nix d'ran, wann er nur reich an Lieb' is, geltens?

Bummel (kopfschüttelnd). Nun, da bin ich wieder nicht ganz einverstanden!

Wurz. Also, ein Geld muß er haben?

Bummel. Ein Geld? Entschuldigen, er müßte eigentlich mehrere Gelder haben! Und — und jetzt sagen Sie mir wahrscheinlich, was Sie zu mir führt?

Wurz. (ausweichend). O ja, ein Handel ist der Grund!

Bummel (aufhorchend). Ein Handel? Aber meine Tochter soll doch nicht —

Wurz. (ohne darauf zu hören). Ein Ehrenhandel!

Bummel (begreifend). Ah, es handelt sich um ein Duell?

Wurz. So ist's, daher komme ich zu Ihnen, um einige Stunden im Fechten zu nehmen!

Bummel. Also, das ist's (für sich.) O, meine Hoffnungen!

Wurz. (für sich). In solcher Weise kann ich am Leichtesten weiter eruiren! (Laut.) Was kostet die Fechtstund'?

Bummel (für sich). Na wart'! (Laut.) Fünfundzwanzig Gulden.

Wurz. Oho! Sie wollen wohl Ihre Familie versorgen für den Fall, daß ich Sie zufällig in der Hitze des Gefechtes absteche?

Bummel (hastiger). 's ist Ihnen zu theuer? Gut, also mit stumpfen Rappieren kost's fünf Gulden.

Wurz. Ah, das ist eine Red'! Also fangen wir gleich an.

Bummel (verlegen). Ja, aber das Honorar —

Wurz. Muß im Vorhinein entrichtet werden? Auch recht! (Sucht in seinem Portefeuille einen Fünfer.) Sie wechseln ja?

Bummel. Ich? Ich habe nichts Kleines!

Wurz. Die Farb' nämlich!

Bummel. Ah so!

Wurz. Hier ist der Fünfer! (Gibt ihm einen.) Und jetzt her mit'n Spadi!

Bummel. Bitte! (Holt zwei Rappiere.)

Wurz. (faßt eines und nimmt Stellung).

Bummel (ebenso). Ich werd' ausfallen, pariren Sie! (Susi hinter der Scene links, singt ohne Begleitung.)

> Einmal eins ist eins
> Und einmal zwei ist zwei!
> Und zweimal drei ist sechse,
> Die Mutter ist 'ne Hexe!

Wurz (horchend). Wer sagt denn das Einmaleins auf?

Bummel (für sich). Die vertrakte Susi singt schon wieder! (Ruft.) Achtung — Parade!

Wurz. Hören S' zum Stoßen auf und sagen Sie mir, ist es Ihre Tochter, die so schön singt?

Bummel. Ja, aber eigentlich —

Wurz. Meinen Respect! Ihre Tochter singt ganz superb!

Bummel. Ah, das ist ja nur die Susi, meine zweite Tochter.

Wurz. Ah so! Na, wann die Zweite schon so prächtig singt, wäre ich wohl neugierig, auch die Erste zu hören!

Bummel (rasch). Bitte, kann leicht sein! Beehren Sie uns bei unserem heutigen Picknick!

Wurz. Sie veranstalten Picknicks?

Bummel. Alle Abende! Ein Picknick ist, wie Sie wissen, sehr billig zu arrangiren, kostet eigentlich gar nichts, da die Gäste die Eß= und Trinkmaterialien mitbringen, und so haben wir alle Abende unser Nachtmahl!

Wurz. Sehr gute Idee! Was für Gäste findet man da?

Bummel. Die Singcolleginnen meiner Tochter und meine Schüler, Studenten, junge Leute aus der Nach= barschaft! Also, beehren Sie uns!

Wurz. Mit Vergnügen! Ich werde schon meinen Theil zum Familiennachtmahl beitragen.

Bummel (erfreut). Ja? Na, das ist schön von Ihnen! Werde sogleich meiner Amanda die frohe Nachricht bringen, damit sie sich auf Ihren geehrten Besuch entsprechend vor= bereitet! O, sie wird trillern wie eine Nachtigall!

Wurz. Und wir werden die Ohren spitzen wie Künigl= hasen.

Bummel (mit steifer Höflichkeit). Mein Herr, auf Wieder= seh'n! (Reicht ihm die Hand, schüttelt sie, dann ihm mit dem Rappiere salutirend, geht er rechts ab.)

Fünfte Scene.

Wurzinger, dann Susi.

Wurz. (allein, der ebenfalls salutirt hat, wirft das Rappier weg und sagt:) Mir scheint, daß ich heut' mit der Brautschau wieder nicht reussiren werde! Denn die Bedingung, mit der Braut auch einen Vater und noch a Schwester zu heiraten, die kann ich unmöglich meinem Bruder auferlegen! (Susi trällert hinter der Scene, horchend.) Das ist dem Fechtmeister seine zweite Tochter. — Hätt' wirklich Lust — ah was! Riskiren wir's einstweilen, die Zweite kennen zu lernen. (Geht gegen die Seitenthür links, dieselbe wird plötzlich aufgemacht. Susi tritt mit langem Besen ein, Wurzinger weicht zurück.)

Susi (trällert, ohne auf Wurzinger zu achten und kehrt dabei den Fußboden).

Wurz. (der immer versucht, sich zu nähern und dabei den Besen umgehen will). Sie — Sie — mein liebes Kind, Sie — (Macht einen Sprung über den Besen.)

Susi. Wer hupft denn da! Ein fremder Herr? Was wünschen Sie?

Wurz. (sehr höflich). Nichts, als daß Sie zu kehren aufhören und mit mir zu plaudern anfangen sollen.

Susi. Ja, mein Herr, zum Plaudern hab' ich keine Zeit, jetzt muß ich kehren, dann den Staub abwischen, dann Wasser holen, Holz spalten, für die Gäst' Eßzeug putzen, denn Papa gibt ein Picknick!

Wurz. Ah, da haben Sie freilich keine Zeit, aber dem kann man ja abhelfen! Erlauben Sie — (Nimmt ihr den Besen aus der Hand.) So, jetzt können Sie commod plaudern! (Fängt zu kehren an.) Und Sie wischen derweil den Staub auf, den ich mache!

Susi. Das geht nicht! Wär' nicht übel! (Indem sie ihm den Besen entringen will, kommen sie sich sehr nahe, er sieht ihr in's Gesicht und sagt:) Hm, hm! Schau, schau!

Susi. Was schauen S' denn?

Wurz. Mein lieber Kucheltrabant, an einem Sonn- und Feiertag müssen Sie wohl sehr sauber sein!

Susi. Auch an einem Wochentag', wenn ich mich g'waschen hab', o ja!

Wurz. (stellt den Besen weg). Wirthschaftlich gebildet sind Sie auch? Kommen leicht aus! Und haben Sie ein — ein treues Herz?

Susi. Was?

Wurz. Ein treues Herz!

Susi (greift unwillkürlich nach der Stelle). Mir scheint, ich hab' gar kein Herz?

Wurz. Wär' net übel! Spüren Sie denn nicht, daß es klopft?

Susi. Ich hab' immer selber so viel zu klopfen, daß ich mich um das Klopfen gar nicht kümmern konnte.

Wurz. (für sich). Die hat ihr Herz noch nicht entdeckt! Um so besser! Da werd' ich den Columbus spielen! (Zu Susi.) Mein liebes Schatzerl, möchten Sie nicht einmal eine Frau werden?

Susi. Eine Frau? Nun, wenn's leicht ginge, warum nicht?

Wurz. Wenn's leicht ginge? Na, gar so schwer wird's ja nicht gehen! — Sie müssen halt heiraten!

Susi. Heiraten? O, Papa zulieb thu' ich's ja gern!

Wurz. (verdrießlich). Aha, nicht um sich selbst, sondern nur, um den Herrn Vater und die Schwester zu versorgen, möchten Sie heiraten?

Susi. Ach, was glauben Sie? Ich möcht' nur, daß mich Papa loskriegt, versorgen wird ihn schon meine Schwester Amanda!

Wurz. (aufathmend, für sich). Gott sei Dank! Ich war der Meinung, daß — (überlegend) jung, hübsch, wirthschaftlich, verträglich, ein noch nicht entdecktes Herz! (Rasch und laut.) Mein Kind, wie ist denn Ihr werther Name.

Susi. Nach meiner Taufheiligen Susanna — aber Susi thut's auch!

Wurz. (entzückt). Welch' liebenswürdige Oekonomie! Sogar der Taufheiligen spart sie was ab! Die erspart ja bei der Zuspeis allein schon eine Million! (Entschieden.) Ich nehme sie, ich nehme sie, mein Bruder kann keine bessere Wahl treffen! (Laut.) Mein Herzensjuserl, eine Frage im engsten Vertrauen. Sind Sie vergnügungssüchtig?

Susi. Vergnügungssüchtig? Hm, dazu hab' ich keine Zeit, und damit Sie's genau wissen, geb' ich Ihnen einen Beweis, daß ich es nicht bin, indem ich auf das Vergnügen Ihrer Gesellschaft verzichte! Ihre Dienerin, bester Herr! (Winkt ihm malitiös lächelnd zu. Links ab.)

Wurz. (allein, sieht ihr verdutzt nach). Die ist gar nicht so dumm, als wie ich ausschau! — Ein Mordsmädel, Sapperlot, mir ist's ganz warm um's Herz worden! Die laß' ich nicht aus den Augen — daneben wollen wir uns doch aber auch die Andere, die Schwester, anschauen! (Ab.)

Sechste Scene.

Musik. — Man hört von Außen folgenden Gesang, mit welchem eine Anzahl Studenten mit Burschenschaftsmützen verschiedener Couleurs und kurzen, dicken Weichselstöcken durch die Mitte einmarschiren.

Gesang.

Frisch und fröhlich
Fröhlich, selig,
Kommen wir zur Thür herein,
Wack're Brüder,
Heute wieder,
Uns der Lustbarkeit zu weih'n!
Laßt uns lachen,
Ulk jetzt machen,
Bis zum heitern Scherzesspiel
Uns die Stunden sind entschwunden,
Und wir so erreicht das Ziel:
[: Der Lust geweiht,
Die Burschenherrlichkeit!:]

Bummel. Gott grüß' Euch, Brüder in Apoll!

Studenten (ihm die Hände reichend). Servus, alter Haudegen, Servus!

Bummel. Und habt Ihr Euch mitgebracht so Atzung als Trunk, nöthig für des Leibes Wohlergehen?

Erster Student. Knackwurst und Käse nebst einem halben Hektoliter Lager!

Bummel. Wacker, wacker, meine Freunde! (Bei Seite, verdrießlich.) Alle Tage Käse und Knackwurst, wachst mir schon völlig beim Gnack heraus. (Musik.) Ah, die Colleginnen meiner Amanda!

Siebente Scene.

Vorige. Eine Anzahl zierlich gekleideter Mädchen mit Musikmappen kommen durch den Garten auf die Scene.

Ensemble.

Da sind wir alle miteinand
Als Freundinnen hier wohlbekannt!

Wo ist sie denn? Wo steckt sie denn?
Amanda? Sie ist nicht zu seh'n?

(Den Studenten die Hände reichend.)

Guten Abend, Herren Studiosibus,
Wir nahen Euch mit bestem Gruß;
Doch, wenn Ihr unmanierlich seid,
So geh'n wir los mit Euch noch heut'!
Und hauen Euch zu Schanden —
Verstanden? Verstanden?

(Studenten lachen und schütteln den Damen die Hände.)

Ida. Servus, Ihr Herren Musenbrüder! Na, wie ist's? — Hab'n Sie heute wieder glücklich 's Collegium geschwänzt?

Anna. Die Herren Professoren zur Verzweiflung gebracht, weil's wieder eine Menge g'seh'n hab'n, die nicht da waren?

Minna. Und hab'n S' die rigorosen Herren Eltern dafür fleißig um Geld anpumpt?

(Alle Mädchen lachen.)

Wolfg. Theure Musenmädchen, Schwestern in Apoll, nur keinen Tusch! Schon als Bergakademiker konnte ich Dergleichen nicht vertragen, und jetzt wo ich mich für's Jus vorbereite, kann ich so was just gar nicht mehr vertragen und parire Ihnen mit den Worten: Hab'n Sie heut' im Conservatorium coquettirt, statt solfeggirt, die Professoren mit falschen Quarten und Quinten attaquirt und den Herren Eltern mit merkenden Trillerketten und sonst imponirt.

(Studenten lachen.)

Ida. O, Sie Lästermaul, mit Ihnen darf man nicht scherzen, Sie werden immer gleich ausfallend. — Na, Vater Bummel, was ist's denn mit unserer Collegin Amanda!? Wo steckt sie?

Die Mädchen (ihn umringend). Ja, Vater Bummel, wo ist sie?

Bummel (weist nach rechts). Da kommt sie. (Entzückt.) Amanda, mein Stern geht auf!

Studenten (lachend). Hurrah!

Achte Scene.

Vorige. Amanda von rechts.

Amanda blasses, junges Geschöpf, mit blonden, genial durch=einandergewühlten Locken, in etwas theatralischer Toilette; ihr Be=nehmen ist sehr affectirt, sie hölzelt stark beim Sprechen). Will=kommen, theure Freundinnen! (Streckt ihnen die Hände entgegen.)

Die Mädchen. Servus, Amanda, grüß' Dich Gott! (Umarmen und küssen sie.)

Bummel (entzückt). Welcher Adel, welches Maestoso in ihrem Wesen liegt! Die ganze Princessin aus Robert hol' dich der Teufel!

Amanda (zu den Studenten). Ich grüße Euch, Ihr Herren!

Studenten. Prost, Prost!

Bummel (schwärmend). Welche Lieblichkeit und Grazie! Sie ist zart wie eine Walküre!

Amanda (zu Bummel). Papa, warum ist denn noch kein Tisch gedeckt? Ich bin (leise zu ihm) hung'rig wie ein Wolf?

Bummel. Und ich erst! Da ist aber nur wieder die vertrackte Susi — (ruft) Susi, he Susi!

Neunte Scene.

Vorige. Susi mit Tischtuch und Besteckkorb von links, dann **Wurzinger.**

Susi. Bin schon da, Papa!

Bummel. Du faules Ding, wirst aufdecken?

Susi. Ja, gleich, Papa, ich hab' nur müssen die Essereien, welche die Herrschaften mitgebracht haben, ordentlich arrangiren. (Zu den Studenten.) Bitte, helfen Sie mir, ja?

Studenten. Mit Vergnügen! (Stellen im Fond Tische zu=sammen und helfen ihr decken. In diesem Augenblicke kommt Wurzinger mit Paquete und Wein=Bouteillen hervor.)

Wurz. (geschäftig). Da bin ich! Ah, schon große Gesell=schaft? Guten Abend, meine Herrschaften!

Alle. Guten Abend!

Bummel (zu Amanda). Das ist der Mann des Incognitos, von dem ich Dir gesagt hab'. Sei bezaubernd, mein Kind! (Führt sie zu Wurzinger, der eben seine Taschen geleert und die Paquete an Susi abgegeben hat.) Mein Herr, ich habe das Glück, Ihnen meine Tochter Amanda vorzustellen!

Wurz. (macht Complimente). Ah, sehr erfreut, mein Fräu=lein, ist mir eine wahre Wonne — die Ehre zu haben!

Amanda (schmelzend) Mein Herr — Papa, wie heißt der Herr?

Bummel. Der Herr? (Zu Wurzinger.) Bitte, wie heißen Sie gefälligst?

Wurz. Ich? O, schlechtweg Hansi!

Bummel (zu Amanda). Mein jüngster Schüler Herr von Hansi!

Amanda (mit affectirter Betonung). Hansi — Haansi — Haaaaansi. — Ein schöner Name!

Wurz. (ebenso). O, Fräulein! Sie machen ja aus meinem Hansi eine völlige Bravour-Arie!

Bummel. Der Herr von Hansi haben aber sehr gute Sachen für das Buffet mitgebracht!

Wurz. Kleinigkeiten! Kalte Rebhändeln, Pasteten, Mixed-Pickles, vor Allem aber guten Gumpoldskirchner, Orangen, Zucker u. s. w., wir wollen eine Bowle Waldmeister trinken!

Studenten. Waldmeister? Wacker, wacker!

Mädchen. Maiwein! Bravo, bravo!

Wurz. (verbeugt sich). Danke, meine Herrschaften!

Amanda (zu Wurzinger). Herr von Hansi sind ein solch' liebenswürdiger Cavalier! (Blickt sehnsüchtig nach den Speisen.)

Wurz. (verbeugt sich). O.. zu gütig, mein Fräulein! (Bei Seite.) Und sie ist eine g'spreizte Mirl, die Andern aber sein sehr nette Mädels. (Auf Amanda.) Die soll ein'n Kleinholzhändler heiraten, weil's allerweil 's Hölzl bei sich hat. (Zu Bummel.) Herr Bummel, wo ist denn Ihre Tochter Susi?

Bummel (geringschätzend). Ah, die? Jedenfalls in der Kuchel.

Wurz. (für sich). Aha, der Kucheltrabant!

Die Studenten (haben mittlerweile die Biergläser zur Hand genommen und singen):

Der edle Gerstensaft,
Seht ihn hier winken!
Nun, wack're Brüderschaft,
So magst Du trinken!
Auf das Wohl,
Auf das Wohl
Der wackern, hübschen Kinder!

(Rufend:) Prost!

(Stoßen mit den Mädchen an, worauf beide Theile trinken.)

Bummel. Kinder, nun vor Allem eine kleine Fechtübung! Ist Alles bewaffnet? (Alle holen von den Wänden Rappiere.)

Alle. Ja, ja!

Bummel (zu Wurzinger, ihm ein Rappier reichend). Meine Tochter ist Ihr Gegner!

Wurz. Aber, ich kann ja gar nicht — (Stellt sich Amanda gegenüber.)

Bummel. Das macht nichts, wenn Sie auch niedergestochen werden, es ist ja nur einmal und nicht wieder! En avant! Los!

(Die Studenten stellen sich den Mädchen vis-à-vis.)

Ensemble.

(Die Paare kreuzen die Rappiere nach dem Tempo.)

Bummel (singt):

 Eins — Zwei — Drei — Vier!
 Stoß Parad.
 Eins — Zwei — Drei — Vier!
 Los ohne Gnad!

(Während die Paare sich rasch nach dem Takte pariren und tänzelnd drehen, singt Wurzinger:)

 Ach, mein Fräulein, nicht so hitzig,
 Wär' die Waffe scharf und spitzig,
 Wär' ich schon ein todter Mann,
 Läg' zu Ihren Füßen dann!

Amanda (fällt aus und parirt).

Wurz. Sapperment, es regnet Schmisse,
 Kaum erhalten mich die Füße,
 Wenn Sie mich nicht schonen wollen,
 Wird mich gleich der Teux'l holen!

Bummel (rasch im Tempo).

 Stoß Parad!
 Los ohne Gnad'!
 Schmiß!

(Die Herren liegen plötzlich vor den Damen auf den Knieen.)

Wurz. (ebenfalls auf den Knieen). Bin schon hin, bin pfutsch! maustodt! Mein Fräulein, Sie haben mich besiegt! (Küßt mit komischer Galanterie Amanda's Hand.)

Amanda. O, mein Herr, zu gütig. (Zieht ihn empor, spricht mit ihm und zieht ihn zum Buffet.)

Zehnte Scene.

Vorige. **Susi** mit der Bowle von links. Es fängt im Garten zu dunkeln an, der Mond geht auf.

Susi. Meine Herrschaften, da ist der Waldmeister!

Alle. Waldmeister, Maiwein? Wacker, wacker! Hurrah!

Wurz. (holt zwei Gläser und überreicht eines Amanden). Auf Ihr Wohl, schöne Amazone!

Amanda (anstoßend). Zu gütig, mein Herr!

Wurz. (nachdem er getrunken). Und jetzt, mein Fräulein, bitte ich um ein paar holde Töne aus Ihrer Silberkehle. (Zu den Andern.) Hab' ich Recht?

Alle. Ja, ja, singen, singen!

Amanda (sich zierend, hustet und sagt): Pardon, bin heut' nicht disponirt — ein kleiner K a t a r r h!

Bummel (leise zu Amanda). Ich bitt' Dich, Kind, sing' aus Rücksicht für den Fremden, sing' zur Hebung des Fremdenverkehrs, wer weiß, zu was 's gut ist!

Amanda. Nun denn, meinetwegen.

Bummel (sich den Anwesenden zuwendend, triumphirend). Sie singt — meine Tochter, das Wunderkind wird uns durch die Macht ihrer herrlichen Töne beglücken, berücken, erquicken und entzücken!

Wurz. Und uns wird's zwicken!

Amanda. Aber was soll ich singen?

Bummel. Sing' das Lied vom Nachtwachter — ah, ich will sagen, von der Nachtigall!

Alle. Ja, ja — das Lied von der Nachtigall! Bravo! bravo! Wacker!

Amanda (bringt sich in Positur, räuspert sich und beginnt):
  Als einst im Hain
   Die holde Nachti— (räuspert sich wieder und singt) Nachti— (Räuspert sich abermals und setzt ab.)

Bummel. Was hast Du denn, theures Kind?

Amanda. Es geht nicht!

Wurz. (zu den Andern). Die Gall' ist ihr im Hals stecken blieben.

Amanda. Es geht wirklich nicht!

Wurz. Schonen Sie sich, mein Fräulein! Ich schick' Ihnen morgen ein Häfen Mehlwürmer. — Was nicht geht, geht einmal nicht. Vielleicht kann uns das Fräulein Schwester das Lied von der Nachtigall vorsingen?

Amanda (verächtlich lachend). Ah, das müßt' hübsch werden!
Bummel (aufbrausend). Soll sich untersteh'n, sofort enterb' ich sie.
Wurz. Na, gut! So wird sie uns was Anderes singen. Bitte, meine Herrschaften, unterstützen Sie meinen Antrag.
Alle (umringen Susi). Ja, ja, singen, singen!
Bummel. Gut also, sing' und blamir' Dich bis auf die Knochen!
Susi. Der Herr Vater erlaubt's? Das Lied von der Nachtigall kann ich nicht, indessen das Lied vom Lercherl möcht' ich wohl riskiren, aber Alles muß zeitweis' mitsingen!
Wurz. Also, das Lied vom Lercherl!
Susi (singt):

1.

's Lercherl singt lusti.
's Lercherl singt schön,
Thut in der Fruh a
Gar zeitlich aufsteh'n!
Schlafen die Bleam'ln
Und d'Wiesen im Duft,
Schmettert schön's Lercherl
Hoch ob'n in der Luft —
    Trilili.
Grüß' Di Gott, Morgenstrahl!
    Trilili,
D'runten im tiefen Thal,
    Trilili,
Warten's schon lang' auf di'! Komm',
    Trilili, Trilili!
Komm', schau' di' um!
    Trilili!

(Sie singt den Lerchenschlag, während die Uebrigen leise den Text und das Trilili wiederholen.)

2.

Fangt's an zu dunkeln,
Kommt d'Abendzeit,
Wird's nach und nach a
Schon still in der Weit'!
D'Vögerln wer'n schlafri,
D'Hirschen und d'Reh' —

's Lercherl allani nur
Singt in der Höh'
Trilili,
Gute Nacht, Berg und Thal,
Trilili,
Gute Nacht, Wasserfall,
Trilili,
Schlaft's Alle friedli' ein,
Trilili,
Still! Im Mondenschein!
(Wie oben.)

Wurz. (entzückt). Das war ein echter und rechter Ohrenschmaus! Meine Herrschaften, ich beantrage, daß wir unser liebliches Lercherl bei vollen Gläsern hoch leben lassen! (Nimmt ein Glas, Alle folgen seinem Beispiel und rufen:) Hoch unser Lercherl!

Amanda (erbittert zu Bummel). Papa, welcher Affront, ich hoffe, daß Du nicht duldest —

Bummel. Ruhig, mein Kind! (Tritt zu Susi.) Susi, marsch hinaus in die Küch'!

Susi (erschrocken, stammelt beschämt). Ja, ja — Papa — (Will gehen.)

Wurz. (dazwischen tretend). Oho, Herr Bummel, Sie wollen das arme Kind unserer Gesellschaft entziehen, wollen sie fortschicken?

Bummel (scharf). Ja, mein Herr, ich dulde sie nicht hier und wenn sie meinem Befehl Widerstand leistet, so — so dulde ich sie auch nicht mehr im Haus!

Susi (entsetzt). Papa! (Will sich ihm nähern, hält plötzlich an und sagt mit gekränktem Ton.) Sie haben ja Recht! Der Kucheltrabant paßt nicht in die Gesellschaft und in der Eigenschaft hab' ich mich auch nicht zu beklagen! Als Ihre Tochter aber laß' ich mir eine solche Behandlung nicht gefallen und ich geh' — (schluchzend) — ich geh' jetzt wirklich aus dem Haus! (Will fort.)

Wurz. (ihr den Weg vertretend). Aber in keinem Falle ohne mich! Herr Bummel, ich bin der Postexpeditor Hans Wurzinger aus Fürstendorf und in meiner Heimat als rechtlicher Mann geehrt und geschätzt! Ich werbe hiemit feierlich um die Hand Ihrer Tochter Susanne für meinen Bruder, den Bergbeamten Eduard Wurzinger!

Alle. Ah!
Bummel. Was?
Amanda (betroffen). Ha!
Susi. Himmel!
Alle. Wacker, wacker! Hurrah! (Umringen ihn und reichen ihm die Hände.)
Wurz. Nun, Herr Bummel, was sagen Sie zu meinem Antrag?
Bummel. Bitte, bitte, habe nix dagegen — obschon — und überhaupt — hab' aber durchaus nichts dagegen!
Amanda. Aber Papa!
Bummel. Sei ruhig, Herzerl, laß' heiraten, dann kann sie Dir nicht mehr d'reinsingen.
Wurz. (zu Susi). Und Sie, mein liebes Kind, was denken Sie von meiner Werbung?
Susi (blickt wehmüthig nach Bummel und Amanda). Mein Herr, führen Sie mich, wohin Sie wollen.
Wurz. Nur in mein Haus als die ehrsame Braut eines braven, jungen Menschen, der glücklich sein wird, daß ich ihm das frohsinnige Lercherl ins Haus bring'.

Schluß=Gesang.

Susi. 's Lercherl, jetzt fliegt's nicht mehr.
Alle. Trilili.
Susi. Auf und ab, hin und her!
Alle. Trilili.
Susi. 's muß ja im Häuserl sein
Alle. Trilili.
Susi. Beim Manderl sein!
Alle. Trilili.

(Wurzinger umschlingt sie sanft, sie legt den Kopf an seine Brust. — Gruppe.)

Ende des dritten Actes.

Vierter Act.

(Garten in Wurzinger's Hause. Das Haus selbst ein bescheidener einstöckiger Bau, nimmt rechts in dem Hintergrund einen Theil der Bühne ein, daran schließt sich eine Hecke mit Gitterthür aus Holz. In das Haus führt eine niedrige zweiseitige Rampenstiege. Im Garten Blumenbeete, Gartenbänke und Stühle. Im Prospect die Aussicht auf den ländlichen Ort Fürstendorf.)

Erste Scene.

Fr. Friedl mit Mali.

Fr. Friedl. Vierundzwanzig Gedecke im Speisezimmer müssen wir haben. Es kommt ja doch außer'm Herrn Pfarrer und Schulmeister der ganze Gemeinderath von Fürstendorf.

Mali. Das werden aber kaum vierzehn Personen sein!

Fr. Friedl. Dann die Herren von der Postexpedition der Umgebung, die Dein'm Herrn Vormund betreff seines Avancements zum Bezirks-Postmeister Glück wünschen wollen — und Du, er selber —

Mali. Sind noch immer keine vierundzwanzig Personen.

Fr. Friedl. Macht nichts! Einige Gedecke sind für unvorhergesehene Fälle und wann Sie auch überflüssig sein sollten, so sehen doch die Gäste des Herrn Postexpeditors — will ich sagen, Postmeisters, daß Schmalhans unter meiner Wirthschaft in dem Haus nicht Küchenmeister war!

Mich. (kommt mit zwei gefüllten Flaschenkörben). Frau Friedl kommt der feine Wein ins Speisezimmer?

Fr. Friedl. Natürlich! Die mindere Sorte tragst Du in die Expedition, wofür das Postdienst-Personale gedeckt ist! (Zu Mali.) 's ist sehr schön von den Postmeistern der Umgebung, daß sie sämmtliche dienstfreie Postillone in der Gala-Uniform zu unserm Fest absenden.

Mich. Wann mich der neue Herr Postmeister zum zweiten Postknecht von Fürstendorf avanciren läßt, nachher können S' mir auch gleich gratuliren.

Fr. Friedl. Steh' nicht da und hab' Maulaffen feil! Vorwärts!

Mich. Ja, richtig, der Wein geht mit Eilpost! (Geht langsam über die Rampen mit den Weinkörben ins Haus.)

Mali. Wann nur der Herr Vormund heut' noch gewiß eintrifft!

Fr. Friedl. Er hat ja von Wien aus telegraphirt und Du kennst seine Pünktlichkeit. Was hab' ich mir nicht den Kopf zerbrochen über seine häufigen Fahrten nach der Stadt, jetzt wissen wir's, er ist so oft hingefahren, um sein Avancement durchzusetzen.

Zweite Scene.
Vorige. Eduard.

Eduard (erscheint am Gitter und ruft). Mali, Mutter, Frau Friedl, grüß Euch Gott! (Mit Plaid und kleiner Ledertasche.)

Mali (freudig erschrocken). Himmel! Eduard, Frau Tante, Eduard ist da!

Fr. Friedl. Wirklich und wahrhaftig! (Ihm entgegen.) Herr Eduard, wie kommen denn Sie zu uns?

Eduard. Ein Telegramm meines Bruders zeigte mir seine Ernennung zum Postmeister an, in der Freude meines Herzens, nahm ich sofort Urlaub und fuhr mit dem Eilzug hieher! Na, grüß Gott! (Schüttelt der Frau Friedl die Hand dann der Mali.) Grüß Gott, Mali!

Mali (befangen). Willkommen, Herr Eduard!

Eduard. Und wo ist mein Bruder?

Fr. Friedl. Wir erwarten ihn jeden Augenblick von der nächsten Eisenbahnstation.

Eduard. Ah, ist er noch nicht da? Um so besser, da kann ich noch schnell ein paar Worte mit Euch plaudern. (Wendet sich an Mali.)

Fr. Friedl. Dazu haben wir aber jetzt gar keine Zeit, wir müssen noch Anordnungen für den Empfang der Gäste treffen! Komm', Mali!

Eduard. Gut, ich helfe mit. (Folgt Beiden.)

Fr. Friedl (nach dem Hause gehend). O, das wird ein großartiger Empfang werden! Alle Leute im Dorfe freuen sich darauf, die Honoratioren erscheinen — sämmtliches Postpersonal aus der Nachbarschaft — (Ist dabei ins Haus gegangen.)

Dritte Scene.

Wurzinger mit Susi kommen an der Hecke vorbei zur Gitterthür, welche er öffnet.

Wurz. So, mein liebes Kind, da sind wir! Der Himmel segne Ihren Eintritt in mein Haus!

Susi (in sehr einfacher Toilette mit bescheidenem Hütchen, blickt umher und sagt freudig staunend.) Ah, da ist es schön!

Wurz. (vergnügt). Ja, es macht sich. Ein bescheidenes Plätzel, wie es sich für einen Menschen von meiner Stellung paßt! Freilich, jetzt, wo ich Postmeister geworden, sollte ich mir's ein Bisserl herrichten lassen, aber für mich thut es so auch. Jetzt werden Sie sich's in meinem Heim commod' machen und morgen Früh reisen wir weiter.

Susi (ängstlich). Ach, wenn wir lieber gleich hier bleiben könnten!

Wurz. (eifrig). Geht nicht! Wir müssen längstens über= morgen bei meinem Bruder sein, ich kann ihn doch nicht so lange auf seine hübsche Braut warten lassen!

Susi. (seufzt): Ach!

Wurz. Sie seufzen?

Susi (unruhig). Na ja, weiß ich denn, ob mich Ihr Herr Bruder zur Braut haben will?

Wurz. Und ob er Sie wollen wird! Ich wett' d'rauf, daß er ganz glückselig ausrufen wird: „Bruder, Du hast viel für mich gethan, aber, daß Du mir so ein herziges Zukunftsweiberl ausg'sucht hast, das ist schon mehr als Bruderlieb', das ist heroische Selbstaufopferung." (Susi seufzt.) Sie seufzen schon wieder? Warum seufzen Sie?

Susi. No — ich will aufrichtig sein, weil — weil ich nicht weiß, ob denn Ihr Bruder m i r gefallen wird?

Wurz. (enthusiastisch). O, er muß Ihnen gefallen! Erstens sieht er mir gar nicht ähnlich!

Susi (stockend, mit Seitenblick auf ihn). Na, deshalb!

Wurz. Dann ist er viel jünger als ich, ist ein bild= hübscher, strammer Bursch, küßt für sein Leben gern' — (besinnt sich) mich, seinen Bruder und wird noch weit lieber sein Weiberl küssen! (Sieht sie freundlich an, legt seinen Arm um ihre Taille und sagt:) Und Ihnen, mein Kinderl, einen recht herzhaften Kuß zu geben, das muß ein Hochgenuß sein!

Susi (naiv lächelnd). Nun, so küssen Sie mich!

Wurz. Als Bruder des Bruders! Ist's erlaubt!

Susi (nickt mit dem Kopfe).

Wurz. (faßt und küßt sie).

Vierte Scene.

Vorige. Fr. Friedl.

Fr. Friedl (tritt a tempo aus dem Hause auf die Rampe und sieht dies, kommt herab und sagt ganz consternirt). Schon angekommen, Herr Poster—, Herr Postmeister?

Wurz. (sich umwendend). Ah, die Frau Friedl! Grüß Gott! (Reicht ihr die Hand und sagt zu Susi:) Frau Friedl, meine Wirthschafterin. (Zu Friedl, Susi vorstellend.) Fräulein Susi!

Fr. Friedl (irritirt). Fräulein Susi? Was?

Wurz. Was, was?

Fr. Friedl. Na, wer?

Wurz. Ah, die Fräulein Susi, wer Sie ist? (Schlau lächelnd.) 's ist halt die Fräul'n Susi!

Fr. Friedl (ärgerlich knixend). Danke, ist mir ein Vergnügen!

Wurz. Und jetzt, mein Kind (nimmt Susi bei der Hand), treten Sie gefälligst, von mir geführt, in mein Haus! (Hinter der Scene „Vivatrufe", man hört einen von Posthörnern lustig geblasenen Marsch.)

Fr. Friedl (aufgeregt). Ah, sie kommen schon! Herr Postmeister, bitte folgen Sie mir!

Wurz. (ihr folgend). Ja, was ist denn heut' los? (Geht mit Fr. Friedl und Susi auf die Rampe hinauf.)

Fünfte Scene.

Durch das Gitter kommen zuerst Leute aus dem Orte, welche durch freudige Gesten auf die Folgenden aufmerksam machen. Dann marschiren eine Anzahl hübscher Postillone mit jungen Mädchen am Arm, welche Blumenbouquets tragen; ihnen folgen blasende Postillone und zum Schluß kommen die Honoratioren des Orts, der Pfarrer, der Bürgermeister, Gemeinderäthe mit geputzten Frauen: der Zug ordnet sich und Alles ruft:

Hoch der Herr Postmeister von Fürstendorf! Er soll leben! Vivat!

Wurz. (überrascht). Eine Ovation, die mir gilt? Ah — (Zu Fr. Friedl.) Und da sagt mir die Frau Friedl nichts? (Zu den Andern.) Meine Herren Spitzen von der Gemeinde Fürstendorf! Die Ehre, die Sie mir so unverhofft erweisen — (zu Fr. Friedl). Sie sein wirklich eine schreckliche Person — (zu den Andern). Diese Ehr' rührt mich in tiefster Seele — (zu Fr. Friedl). I sieh' gar nit, was ich red'! (Zu den Andern.) Und meine hochgeehrten Freunde und Gönner werden darum wohl begreifen, daß ich meinen Dank in die wenigen Worte fasse: Bleiben Sie mir auch in meiner neuen Stellung gewogen und es wird keinen glücklicheren Menschen auf Erden geben, als den Postmeister Hans Wurzinger von Fürstendorf! (Kommt über die Rampe herab.)

Alle (rufen). Vivat! Er lebe hoch! Vivat!
(Die Postillone blasen einen Tusch, die Mädchen werfen Bouquets nach ihm.)

Christoph (tritt vor — alter Postillon). Herr Postmeister, mit Verlaub, a paar Wort': I, der Wallner Christoph, der älteste Postknecht im ganzen — Schnedredeng — Landbezirk, bin g'rad' an den Tag vom Dienst pensionirt wor'n, an dem der Herr Postexpeditor zum — Schnedredeng — Post= meister — avancirt san, mit andern Worten: Sie san auf und i bin abg'stieg'n, was uns Beiden ganz recht sein kann; denn i bin a alter, müder Hahnreiter wor'n, der froh is, daß er endlich amal für immer ausspannen darf — Ihnen aber ruf' ich aus dem Postrestande meiner Pensionirung begeistert zu: Vorwärts, Herr Postmeister, kutschir'n S' fest d'rauf los und bringen S' das gesammte Postwesen mit Eilzugsgeschwindigkeit auf die steile Höhe der Vollendung. (Kräftig.) Schnedredeng!

Alle. Vivat! Vivat! (Postillone blasen.)

Wurz. (schüttelt Christoph gerührt die Hand). Kinder, daß Ihr mich so ehrt, werd' ich nie vergessen und zum Dank für das Schöne und Gute, was Ihr mir — geblasen habt — müßt Ihr mir auch noch was singen. Das Lied vom Postillon, singt's es uns! Fräulein Susi, ich bitt', helfen S' mit. Also das Lied vom Postillon!

(Musik mit obligatem Posthornmotiv in der Einleitung.)

Susi (singt):
1.
Mit der Post, mit der Post
Reitet in Hitz' und Frost,

            Der Postillon gar schnell
            Und sein Horn schmettert hell!
            Was wird er bringen? Ach!
            Welches Leid ruft er wach?
            Und welche Seligkeit,
            Hält er für uns bereit!
(anschwellend). Ratatera — Rata — tatera —
            Hört Ihr, hört, da kommt er schon!
(stark).   Ratatera,
            Der brave Postillon!
(leiser).   Ratera,
            Hört Ihr, hört, er zieht davon,
(ganz leise). Ratatera,
            Der Postillon,
(verklingend). Rata —

2.

            Mit der Post, mit der Post
            Kommt auch, seid nur getrost,
            Der Postillon d'amour!
            Hält treulich ein die Tour!
            Mädchen, nun sputet Euch,
            Eilt ihm entgegen gleich,
            Sicher hat im Verschluß
            Er manchen Gruß und Kuß.
(wie oben). Ratatera!
            Hört Ihr, da kommt er schon.
            Ratatera,
            Der brave Postillon!
            Ratera,
            Hört, hört, er zieht davon,
            Ratatera,
            Der Postillon,
(verklingend). Rata —

Alle. Hoch! Der Herr Postmeister soll leben!

Fr. Friedl (aus dem Hause auf die Rampe). Bitte, meine Herrschaften, zum Festschmaus!

Wurz. (überrascht). Festschmaus, schon arrangirt! Ja, die Frau Friedl ist eine Wirthschafterin, die es verdient, daß man sie in Gold faßt! (Zu den Honoratioren.) Also, darf ich bitten, uns die Ehre zu geben?

Fr. Friedl. Nur da herauf! Für die Herren von der Post ist in der Expedition angericht'!

Wurz. (Susi's Hand fassend). Auf denn zum Festschmaus! (Zum Wachter.) Führen Sie die Postillone, ich führe die Honoratioren!

(Musik im Orchester den Refrain des Postillonliedes retonirend und leise endend, nachdem die Gäste theils über die Rampe, theils mit den Postillons seitwärts in den Garten abgegangen sind. — Nach kurzer Pause treten Eduard und Mali von Seite rechts auf.)

Sechste Scene.
Eduard. Mali.

Mali. Ach, Herr Eduard, lassen Sie mich zu den Gästen gehen! Was wird die Tante denken, wenn ich nicht komme? Und Sie selbst thun Unrecht, den Herrn Vormund so lange warten zu lassen!

Eduard. Wartet er denn auf mich? Er weiß ja gar nicht, daß ich hier bin!

Mali. Die Tante wird's ihm wohl gesagt haben!

Eduard. Bis jetzt gewiß nicht, da ich sie gebeten habe, mir die Freude des Ueberraschens nicht zu verderben!

Mali. Aber warum zögern Sie noch immer und warum halten S' mich zurück?

Eduard. Weil ich nicht allein meines Bruders wegen hergekommen bin, mich drängte es, Dich, Mali, wiederzusehen!

Mali (ängstlich). Ah, Herr Eduard, sagen Sie das nicht! Wenn's der Herr Vormund hörte, ich glaube, er jagte mich auf und davon.

Eduard (scherzend). Ach, fast wär' es mir lieb, wenn er das thäte, denn dann hättest Du niemand Andern, als mich, und ich wäre so glücklich, für Dich sorgen zu dürfen! (Man hört von innen des Hauses Gläserklang und den Ruf: „Hoch, hoch, hoch!")

Mali. Man trinkt schon Gesundheiten und wir sind noch nicht bei den Gästen! Ich will hinein!

Eduard (sie zurückhaltend). Einen Augenblick noch!

Mali. Nein, nein, fort! (Will gegen das Haus, in diesem Moment kommt Frau Friedl.)

Fr. Friedl (im Kommen). Wo nur die Mali steckt und Eduard ist ebenfalls wie verschwunden! Vielleicht sind sie bei den Gästen im Expeditionslocal! Muß doch nachsehen! (Geht über die Bühne quer links ab. — Hochrufe und Gläserklang.)

Mali. Die Tante sucht uns bereits, kommen Sie, Herr Eduard!

Eduard. Nur noch einige kurze Augenblicke höre mich an, Mali, Du weißt, daß ich Dich liebe, Du mußt es wissen, denn ich habe es Dir oft gesagt! Doch Eines weißt Du noch nicht, das Eine: ich bin entschlossen, mir eine Frau zu nehmen!

Mali (erschrocken, stammelt). Eduard, Du — (verbessert) Sie wollen heiraten?

Eduard. Ja und dies soll in kürzester Frist geschehen!

Mali (zittert). Und haben Sie schon eine Wahl getroffen?

Eduard. Gewiß!

Mali (für sich). Mein Gott!

Eduard (sie betrachtend). Sie scheint erschreckt! Warten wir ab, was sie sagen wird. (Hält den Blick auf sie gerichtet.)

Mali (steht abgewendet und überlegt in großer Erregung).

Siebente Scene.

Vorige. Wurzinger.

Wurz. (ist indessen aus dem Haus auf die Rampe getreten). Da drinn' hat's eine Hitz' — auch hab' ich zu schnell getrunken — in mein' Kopf wurlt's wie in einem Ameisenhaufen. (Sieht Mali.) Wenn mir recht ist, steht da unten die Mali? — Aber nicht allein — ein junger Mensch ist (erkennt ihn) — Ja, seh' ich recht oder ist das Hallucination des durch Weindunst afficirten Gehirns? Mein Bruder — ja, er ist's! (Will rufen.) Ed— (Besinnt sich.) Nein, erst muß ich dahinterkommen, was die Zwei miteinander zu verhandeln haben! (Lauscht.)

Eduard (ist zu Mali getreten, hat sie um die Mitte gefaßt, zärtlich). Freundin meiner Kindheit, Schwester, bist Du nicht neugierig, zu erfahren, wer der Gegenstand meiner Wahl ist?

Mali (nach kurzer Pause, tonlos). Nein!

Eduard. Und ich will Dir's doch sagen: Die, welche ich liebe, wer kann's anders sein, als Du selber?

Mali (sich rasch zu ihm wendend). Ich? (Wie von einer großen Qual erlöst.) Ach, Eduard, ich danke Dir! (Fällt in seine Arme.)

Wurz. (macht vor Schreck und Ueberraschung einen Satz, als ob er über die Rampe fallen wollte, erhält sich aber noch fest und schaut mit weitaufgerissenen Augen auf Beide.)

Eduard (sie liebkosend). Ja, mein Herzenskind, nur Du — keine Andere wird jemals mein Weib!

Mali. O, mein geliebter Eduard, wie glücklich macht mich, was Du mir versprichst! Aber wird der Vormund, als Dein Bruder, uns seinen Segen geben?

Eduard. Warum nicht? Bisher hat er Alles für mich gethan, muß er denn nicht wünschen, daß ich endlich anfang', für mich selbst zu sorgen?

Wurz. O, Du Hallodri!

Eduard. Und wär' er wirklich andern Sinnes, ich würde ihm sagen: „Bruder Hans, verzeih', Du bist jedenfalls ein Mann, der viel versteht, aber vom Heiraten verstehst Du sicher gar nichts, denn sonst wärst Du kein alter Junggeselle!"

Wurz. (droht ihm grimmig). Na wart', wenn ich Dich jetzt erwisch'! (Steigt herab.)

Eduard. Doch davon später! Komm', Mali, eilen wir der Tant' nach, sagen wir ihr, wie's mit uns steht, sie war uns immer eine gute Mutter. Komm', mein Engel! (Eilt mit ihr links ab.)

Achte Scene.

Wurz. (allein. Ist herabgekommen, taumelt leicht und blickt den Beiden schwankend nach). Sie sind mir durchgegangen! Ist das eine infame, niederträchtige, verliebte Bagage! Ich renn' mir die Füße ab, daß ich fast gar nicht mehr d'rauf stehen kann, und jetzt, wo ich endlich eine für ihn hab', geht der rücksichtslose Mensch her und nimmt sich selbst eine! Was fang' ich jetzt mit der Andern an? (Fährt sich zornig mit der Hand über'n Kopf.) Was hat denn nur der verdammte Schädel, daß er mir so merkwürdig brennt? (Sich erinnernd.) Ach ja, der Wein, nachher die Luft und hinterher die Bescheerung. (Will nach links, in dem Augenblick kommt Susi aus dem Hause und blickt in den Garten hinab und ruft:)

Susi. Herr Postmeister, Herr Postmeister! (Eilt über die Rampe herab.)

Wurz. (hat sich umgewendet und ruft erschrocken). O verflucht, die Susi!

Neunte Scene.
Voriger. Susi.

Susi (in den Vordergrund kommend). Ach, Herr Postmeister, ist das recht, daß Sie mich ganz mutterseelenallein unter all' den fremden Gästen sitzen lassen?

Wurz. (nähert sich ihr). Liebes Kind, meine Absicht war es nicht, Sie sitzen zu lassen, und — (Susi hat sich auf eine Gartenbank niedergelassen, er kommt nahe zu ihr und sagt verblüfft:) Sie sitzen ja schon wieder?

Susi. Lieber hier und lieber sogar auf dem Blocksberg, als da drinnen bei den fremden Leuten, die mich begaffen und nicht wissen, was sie aus mir machen sollen!

Wurz. (für sich, trostlos). Ich weiß leider auch nicht! (Tröstend zu ihr.) Na, sein S' nur nicht bös! Sein S' gut, ich bitt' Sie, sein S' gut, recht viel gut!

Susi. Warum?

Wurz. (zerknirscht). Weil ich Ihnen sehr was Böses mittheilen muß!

Susi (verwundert). Mir? Was Böses? Was könnte das sein?

Wurz. (resignirt). Na, Sie werden's gleich hören! Wissen Sie, Susi, jetzt muß ich Ihnen die Schreckensnachricht mittheilen, daß mein schändlicher Bruder — o, es hört sich Alles auf!

Susi. Na, warum hört sich Alles auf?

Wurz. Warum? Da fragen Sie noch? Ah, da hört sich Alles auf!

Susi (drängend). So reden Sie doch! Was ist's mit Ihrem Bruder?

Wurz. Gar nichts, als daß der Teufelsbursch Sie nicht heiraten will!

Susi (rasch und froh). Nicht? Ach, Herr Postmeister, ist das wirklich wahr?

Wurz. (treuherzig). Ja, ich kann's beschwören! Er nimmt sie um keinen Preis der Welt! Eher nimmt er eine Andere!

Susi (resolut). Na, wenn er die And're lieb hat, so kann man ihm das nicht übel nehmen!

Wurz. Nicht übel nehmen? Das sagen Sie, seine Braut? (Fährt mit der Hand über die Stirne.) Entschuldigen, aber mir steht der Verstand stille!

Suſi (lachend). Ja, das hab' ich auch ſchon bemerkt, aber wiſſen Sie, warum? Weil Sie gerade nicht zu viel, aber zu raſch getrunken haben! (Blickt umher.) Na, warten Sie! (Eilt zu dem Schöpfbrunnen, taucht ihr Taſchentuch ein und kommt zurück.) Setzen Sie ſich! So! (Legt ihm, der ſich nieder= ſetzte, das Tuch auf die Stirn.)

Wurz. (aufathmend). Aah! Das iſt gut! Das kühlt! Bitt', ob'n auf'n Kopf, da thut's gar ſo weh!

Suſi. Iſt's wahr? (Legt ihm das Tuch auf den Kopf.)

Wurz. (entzückt). Ah! Das iſt angenehm! Das iſt gerade ſo, als wenn Jemand, der zum Tode verurtheilt worden, mit einemmale aufwacht und bemerkt, es war nur ein Traum! Ach, Suſi, es iſt merkwürdig, wie praktiſch Sie mit Einen umzugehen wiſſen! Suſi, ich muß Ihnen das Geſtändniß machen, daß Sie ſehr eine lindenreiche Hand haben, was man ſo ſagt, ein Sammtpatſcherl! (Streichelt ihre Hand.)

Suſi. Ach, Sie ſcherzen!

Wurz. (eifrig). Nein, 's iſt mein aufrichtiger Ernſt! Eine Ohrfeig' von Ihrer Hand könnt' unmöglich mit fünf Gulden taxirt werden — o nein, die wär' höchſtens einen Gulden fünfunddreißig Kreuzer werth, und wer weiß, ob der Glückliche, der's kriegt, nicht gar noch was d'raufzahlet!

Suſi. O, jetzt ſeh' ich wirklich, daß Sie ſich über mich luſtig machen! (Wendet ſich ſchmollend ab.)

Wurz. Nein! (Springt auf.) Um Alles in der Welt; glauben Sie nur ſo was nicht! Luſtig machen, ach ja — das möcht' ich ſchon — mich in allem Ernſt luſtig machen, wann ſo ein wunderzartes Geſchöpf — wie Sie ſein — zu mir ſagen thät: Ich hab' Dich gern — biſt zwar ſchon über die allgemeine Wehrpflicht hinaus, aber ich hab' Dich doch gern — und jetzt ſei luſtig!

Suſi. Ja, das ſ a g e n Sie, aber —

Wurz. (hingeriſſen). Nein, ich ſag's nicht nur, ich fühl's auch meiner Seel', und Gott, Suſi, nehmen S' mir's nicht übel — ah! (Bringt kein Wort heraus.)

Suſi (beſorgt). Nu, nu, mein Himmel, was haben Sie denn mit einemmal? (Thut, als ob ſie ihn ſtützen wollte.)

Wurz. (ſeine Aufregung vergebens bemeiſternd). Ach, Kinderl — (weich) Ich weiß nicht, wie mir plötzlich iſt — es kommt mir nur ſo vor — ich hab' ſo ein Gefühl, als wann mit einemmal der alte Junggeſell' in mir auf Franſen ging

und ich mit — mit einer wahren Todesangst schreien müßt:
Zu Hilfe, Susi — zu Hilf', ich muß — h e i r a t e n!
(Breitet die Arme gegen sie aus.)

Susi (froh). No, wenn's weiter nichts ist, da will ich
schon Hilfe leisten! (Eilt in seine Arme.)

Zehnte Scene.

Aus dem Hause sind die Honoratioren mit vollen Champagnergläsern
getreten. Von links kommen Eduard, Mali, Frau Friedl, die Postillone
mit den Mädchen — es wird Abend.

Die Honoratioren (rufen:) Wo ist unser neuer Post=
meister?

Wurz. (selig). Wo der Postmeister ist? In den Armen
seiner Braut!

Die Honoratioren. Bravo! Braut und Bräutigam
sollen leben! (Stoßen untereinander an.) Hoch!

Eduard (zu Wurzinger eilend). Bruder Hans, Du heiratest?
Ah, das ist mir lieb, denn weißt Du schon, ich hab' auch
eine Braut, die Mali hier! (Weist auf Mali.)

Wurz. Hast es? Na, sei froh, wie ich es bin, daß
uns're Brautschau ein so glückliches Resultat gefunden hat!

Alle (jubeln). Vivat, die Brautpaare!

Wurz. 's Lercherl hat sein Nesterl g'funden! (Während
eine Gruppe sich bildet und das Orchester den Refrain des Postillonliedes
spielt, fällt der Vorhang.)

Ende.